The Telegraph **6**

ALL NEW
SUDOKU
PUZZLES

hamlyn

An Hachette UK Company
www.hachette.co.uk

First published in Great Britain in 2015 by
Hamlyn, a division of Octopus Publishing Group Ltd
Endeavour House, 189 Shaftesbury Avenue
London WC2H 8JY
www.octopusbooks.co.uk

ISBN 978-0-600-63114-9

A CIP catalogue record for this book is available from the
British Library.

Printed and bound in Great Britain

10 9 8 7 6

Produced for Octopus Publishing Group by Crosswords Ltd

The Telegraph name and logo are registered trademarks of
Telegraph Media Group

Telegraph Puzzles Editor: Phil McNeill
Editorial Director: Trevor Davies
Designer: Jaz Bahra
Production Controller: Meskerem Berhane

Solving Sudoku

The rules of Sudoku are simple: each column, row and 3x3 box must contain all the numbers 1 to 9. Solving the puzzle may not be quite so easy. There are numerous strategies to help solve a Sudoku, and here we will touch on a few basics to help you get started. Looking at our sample puzzle, let's make a start with the square at E-8, which is in the sixth 3x3 box. Within this box, we know we can rule out the numbers 5, 6, 8 and 9. Column 8 includes the number 2, which we can rule out as well. Now if we look at row E, we can eliminate the numbers 4, 3 and 1. This tells us the only number that can go in the square is a seven. We have solved our first number.

Let's move to another square: A-5, located within column 5. We already have the numbers 6, 8, 1, 3 and 7 in that column, as well as 4, 8, 6 and 2 in the box, and 1, 2 and 5 in the row. This can only mean 9 is our number. Concentrating on the second box, take a look at row A and row C. They both contain 1, meaning the only place a 1 will fit is in square B-6, as the 1 at E-5 excludes the B-5 square.

As you move on to the more difficult Sudoku puzzles, or when you're closer to the narrowing down of a particular square, you may want to use 'candidates' or 'possibles'. These are the only possible solutions left for a square, and are written within the square concerned. In our next example diagram, we've added a few candidates. Straight away we see that 5 has been singled out as a lone possible in the second box at B-5 – no other number will fit. Placing this 5 will eliminate the other remaining 5s in column 5, thus singling out 4 in the square at J-5. In turn, this leaves 2 as the only possible number for H-5. We have now completed a column and have gone through the basic strategies of solving a simple Sudoku puzzle. The Sudoku puzzle has been a huge favourite among *Telegraph* readers since it was introduced in 2005 by Michael Mepham, and we hope you will enjoy this bumper crop. Have fun!

	1	2	3	4	5	6	7	8	9
A		1			9	2			5
B				4		1			
C				8	6				1
D		5			8			9	
E	4		3		1		8	7	6
F		8			3			5	
G	5				7				
H	7				9				
J	8			6				2	

Puzzles

1

Gentle

	4	8		6		1		
			4					
6			5	7				2
	2	1					6	
	6		9		4		5	
	7					3	2	
1				5	2			4
					7			
		4		1		2	7	

Puzzles

2

Gentle

	8			5	6		3	
	2		8	4		6		
3	9							5
6						3		9
5		3						8
9							1	6
		2		3	8		7	
	6		7	9			2	

Puzzles

3

Gentle

		8		1		5		
			7		6	1		
6	7						3	
				4			6	
	3	4		5		7	1	
	9			3				
	5						8	2
		3	4		9			
		9		2		3		

Puzzles

4

Gentle

	9							6
6						2	8	
	5	7		6		3		
			8			1		
	2		6		3		9	
		6			5			
		1		7		9		
	8	9						3
3				4			7	

Puzzles

5

Gentle

			8	9			6
	5				1		
4							8
	2		5	8	9		
1	8		9		6		5
	3	1	7		2		
3							9
	6				7		
5		3	2				

6

Gentle

		5			2	8		
			9					6
			1		5		4	
9			7				8	4
2				9				7
4	5				8			3
	6		4		3			
5					1			
		1	5			3		

Puzzles

7

Gentle

			6				2	
4	2						7	
5		9		1				
	1	7		3	2			
	9						8	
			9	8		5	1	
				4		9		7
	8							6
	6				5			

8

Gentle

	5						4	
3				9			1	8
		1		2		6		
	4		9					
		2			6	3		
		6			4		7	
		3		6		5		
8	2			5				7
	7						9	

Puzzles

9

Gentle

		4			5	3		
			6					
	6		9	7	2			
	2	1		3		8	9	
	8						7	
	9	3		5		6	4	
			8	9	4		5	
				1				
		6	5			4		

Puzzles

6	3		8	2				
				4				
9	1		6					7
4	2			3			7	
				1			2	6
3					1		8	4
				6				
			9				6	5

Puzzles

11
Gentle

	9							
		8			7	1		
	2			9	4		5	7
		7						3
				5				
6				4		9		
5	1		4	2			9	
		6	1					8
							1	

Puzzles

12
Gentle

8				2	6	7		
5			1		9			
							4	6
		1			8		2	3
			1					
2	4		3			8		
6	7							
			8		5			7
		2	7	9				4

13
Gentle

					5			3
						7		
6	1	3					9	
	3		5		4			7
5	6				8			2
2			9		3		8	
	7					4	3	9
		5						
3			2					

Puzzles

14
Gentle

	6		5				4	9
8				6				2
			1		4			
							7	
	7	6	3		1	5	2	
	1							
			9		6			
4				1			8	5
6	8				3		1	

Puzzles

15
Gentle

7						4		9
	2		8				6	
	5						1	
6			3		1		5	
		7	4			8		
	9				7			1
	1						9	
					5		3	
3		9						4

Puzzles

16
Gentle

1		7				6		
		8	7		2			
	5			6			4	
					6	5		
				2				
		1	5		9			
	7			5			8	
			3		1			9
		2				3		5

Puzzles

17
Gentle

8				9			2	1
2				4				
	9	6						
			4			6	5	
4			8	6	2			7
	7	1			5			
						8	9	
			7					2
5	4		2					6

Puzzles

18

Gentle

				7		3	9	
		3	9				6	8
		8		4				
8	3		4		7		5	
	5		1		6		2	3
				8		1		
5	2				9	6		
	8	7		6				

Puzzles

19
Gentle

			2			4		
9	8		5			3		1
		6		8		2		
4								5
			4	3	8			
6								2
				6		9		
2		5			4		6	8
		7			2			

							1	5
	3	4			6	8	7	
	8							
		1	5	9				6
	7	3				5	4	
6				4	1	7		
							5	
	5	8	9			3	6	
2	6							

Puzzles

21
Gentle

	4							1
			4		1		8	5
6			8			2		
			2			7		
		6	7	4	3	9		
		8			5			
		5			2			9
7	2		9		6			
3							6	

Puzzles

22
Gentle

	4		7		5	1		
			2			5		
1	5	9						4
		3		7			4	
				3				
	8			6		7		
4						6	8	5
		2			3			
		5	6		8		2	

Puzzles

23

Gentle

		2			6			
	5		9					6
		8						9
		7	6		1	2	3	
			2		3			
	3	9	7		4	8		
6						9		
3					2		1	
		4	8			6		

Puzzles

24

Gentle

9								
8				3	2			7
	2		8		4	5		
	7			6			9	
4	6						5	2
	9			4			7	
		9	4		8		3	
2			6	9				8
								4

Puzzles

25
Gentle

			7		5			
		3		8				7
7		5					8	6
			8		2			1
		4				6		
1			5		9			
3	1		2			4		5
6				3		9		
			1		7			

Puzzles

26

Gentle

7	9					3	6	
6			2	9				
				4				
5				7				6
	7		1		4		3	
4				5				9
				1		4		
					8			7
	1	6					5	3

Puzzles

27

Gentle

7			4					3
		6				5		
			5		6	7		9
	5	7	8			9		
			1		3			
		9			5	8	4	
2		3	7		8			
		1				6		
6					1			2

28

Gentle

	7		5			3		
			4		9			
				1			7	6
	2					5	8	
1	9		3		4		6	7
	6	3					4	
2	1			4				
			7		2			
		8			5		2	

29
Gentle

				8	5			
2					7			
5					3	6		8
	4			5			8	7
		7	9		4	3		
9	2			1			5	
3		6	4					5
			5					1
			8	3				

Puzzles

30
Gentle

					3		6	
	4	5	8	6				2
	7			2			5	
			8	4	1		
		7			2		
		6	1	9			
	9			1			3	
5				3	2	4	8	
	3		9					

Puzzles

31
Gentle

						7	6	5
	1	9		3		2		
	5							
	8		7				3	
5		6	8		1	4		2
	9				6		1	
		2		1		3	4	
3	6	1						

Puzzles

32

Gentle

						5		7
	5						2	
4				6			8	1
		5		1	6	8		3
			4		7			
7		9	5	8		6		
5	6			7				4
	7						1	
3		8						

33
Gentle

				6				8
	3		9		2	1	7	
			5			6		
	2	9	6			4		
			3		5			
		4			8	5	1	
		7			1			
	1	6	8		9		3	
8				2				

Puzzles

34
Gentle

2	6					9	4	
			3		2			
	4						5	
	3							6
		4	5		1	7		
5				6			2	
	9							
		3	1		6			
	5	7						4

Puzzles

35

Gentle

2		3	7	4				1
	5					9	8	
		4		5				
							2	
		1				3		
	6							
		2		3		5		
		8			7		4	
1				9	4	2		7

Puzzles

36
Gentle

5								2
	7	9	5	1		8		
			7	4			8	
	1		2				3	
	8			6	3			
		3		8	2	9	4	
	5						1	7

37
Gentle

	7		1		9			
	3				6			
	9	5		2			1	
		8				1		6
9	1						5	3
2		4				8		
	4			5		7	2	
			7				6	
			8		4			

38
Gentle

					2			1
7		6	5			4		9
		5		4	7	2		
								3
1				8				4
4								
		7	8	2		9		
8		4			6	1		2
2			9					

Puzzles

39
Gentle

			3	7				
4								9
		9	2		1		8	
3	7		4					
	5			9			4	
							1	8
	3		7			5		
6								1
			9	6	8			

Puzzles

40

Gentle

		1	9			3		
			4	7	5	6	8	
			8					
	7					1		9
	3	9				4	6	
4		2					7	
				1				
	6	4	3	2	9			
		8			6	7		

41

Moderate

5			6		3		4	2
		3			4	5		
							7	
6		9	5					4
7					8	1		6
	7							
		1	2		5	7		
4	8		3		7			1

Puzzles

42

Moderate

		8	6		7			
				3		2		
9				8				4
	9	6				4		1
8								
2		4				5	9	
6				2				9
		2		5				
			4			7		6

Puzzles

43
Moderate

	1	2			8			
	7	4	3				1	
			2					
8	2	6	9					4
4						8	6	7
				6				
	4				3	9	7	
			1		9	5	8	

Puzzles

44
Moderate

		1		3				
						3	4	5
			5	2	7			8
		7					1	
3	1						2	6
	4					8		
7			2	8	3			
4	2	3			9			
				5		2		

			9		1		2	
					7		5	
		8		2		6		
		2		4		8		
		7		2				
		3		9		7		
		4		7		3		
	9		4				6	
	3		1		5			

46

Moderate

8	3						1	
1			9					3
				1		2	5	6
			3	7				
5								8
	1			9	5			
3		5		8				
7					2			1
	6						2	9

Puzzles

47

Moderate

5		1			6			
		9	5		4	8		
8	6		1					2
6								
4	3							7
								9
7					9		4	8
			2		1	9		
			7			6		1

Puzzles

48
Moderate

9	4				7	8	1	
				8			5	
					2			
					4		9	1
	9		1	6	5		3	
1	2		3					
			6					
	8			4				
	3	6	8				4	9

		6	1					2
	1		5		6		8	
	2	9						
	7			9		6	3	
6								1
	4	3		6			9	
						2	7	
	5		9		2		6	
7					3	8		

50

Moderate

		3		8		7		2
	2				1		6	
				3				
						4	2	
2			5	1				6
	4	6					3	
			8					
	6		3				5	
8				7		9		

51
Moderate

			9		3		5	
5							7	
		3		2		4		
2	5			8				3
7		1				9	6	8
		7		9		2		
	3							9
			4		2			

Puzzles

52
Moderate

	2						1	
			5		6			
5		7		9				6
	1	5	3				7	4
				7				
4	7				9	6	8	
9				3		7		1
			9		2			
	5						3	

53

Moderate

	2		9			5	3	
	1		2	4				7
					8			
2	7	4			3		1	
		3		1		7	2	5
			3					
	9			5	7		1	
	3	7			9		4	

Puzzles

The Telegraph SUDOKU

54
Moderate

					8	9	5	
9		3				1		
	2	6						
			7					6
8			5		2			4
2			4					
						3	1	
		1					4	
		2	3					

Puzzles

55
Moderate

3				9		7		
9			2					
6			5				8	3
			9		2			
2								8
			6		7			
8	4		1					7
					6		5	1
		3		4				9

Puzzles

56
Moderate

	5		3		1		4	
		1	8		4			
2								1
1			5					
	6						8	
7					9			2
6								3
			6		2	4		5
	3		7		5		2	

Puzzles

57

Moderate

		7				1		
2					5		3	7
	6			2				4
			2	5				
		2		9		5		
				7	8			
9				3	2		5	
5	8		9					3
		6				4		

Puzzles

58

Moderate

		3						7
2			4		3	5		8
		6	7		5			
							7	
	5	2	9		7		3	
	7							
			5		2	3		
3		8			4			1
1						4		

Puzzles

59

Moderate

					2		3	
		2		3	6			
8			9					7
	2			1				
5	8	4				9	6	1
				4			2	8
1					7			
			3	2		7		
	9		1					

Puzzles

60
Moderate

			2			1		
		4	7		5			
	2			3			6	
8					1			9
7		2		8		3		6
5			6					
	9						1	
			5		9	6		
		8			7			

61

Moderate

			2		9	8		
2						4		3
					1		9	
3	7					2	5	1
				2				
1	8	2					3	9
	4		7					
7		1						4
		3	9		8			

Puzzles

8								
				3		1		
7			5		4			9
				5				6
	1				3		7	
6	7			1				
5			3		7		6	
9		8		4				
								8

Puzzles

63

Moderate

8				5				4
7			6				3	2
				8				
	6	5				2		
				1				
		8			9	6	4	
				2				
			7		4			5
2				3				1

Puzzles

The Telegraph SUDOKU

64
Moderate

			2			6	3	
		9	6					
4		5				7		8
7				6		8		4
				8				
2		4		9				1
9		8				3		2
						1		
	3	1						

65
Moderate

						7		
3		5		7		2	1	6
	8			1		3		
9	7		1		5			
			7		2		5	8
		1		2			9	
2	4	9		6		1		7
		8						

Puzzles

66

Moderate

					8	4	3	
			7	9	3			1
		2				8		
1			4		7			3
5			3		1	7		6
		5				3		
9			6	1				
	6	4	2					

67
Moderate

		6	1				2	
7			4				1	9
					7			
			3		9			5
6				8				2
4					7			
		7						
5	9				2			3
	3				6	4		

Puzzles

68
Moderate

		1	5			9		
			6		9		7	1
	5					6	2	
8	6							3
			8		4			
							6	2
	3	7						
	4		2		8			
		9			1	3		

69

Moderate

9						3		
3		8					2	
					1			8
	8					1		
			2	3	6			
	9					2		
	7	1						
2					7	4		
	4					9	6	

Puzzles

70
Moderate

		9				5		
		4	5		1			
	6	3	9		8		1	
	4	1						
	9	7				4	8	
						1	9	
	2		8		5	3	4	
			1		4	9		
		8				7		

Puzzles

71

Moderate

			3		7	4		
					2	1		5
				4		8		
6								3
7			4	9	1			6
9								7
		9		3				
4		6	7					
		7	1		9			

Puzzles

72
Moderate

					1			
9								5
3	5			7		2	4	8
	9		6		5		1	
				1				
	8		4		9		7	
6	7	2		8				1
5								3
			5					

73
Moderate

	5				8			
			3	6		5		9
			2			1		
6		5				9	1	
1		8				7		2
	7	3				6		4
		4			7			
2		7		4	5			
			9				4	

Puzzles

74
Moderate

6			4				5	3
		2		7				
8			9				2	4
							8	
7	3	6				9	4	2
	8							
1	4				3			8
				9		1		
3	7				6			5

Puzzles

75
Moderate

			1			4		3
				6			7	
8	7			4			6	2
	8	7				5		
			3		9			
		1					8	
2	1			3			4	6
	9			2				
3		8			4			

Puzzles

76
Moderate

3								
		2			7			6
		4	8	6				
		8			5			
	7	5				3	1	
			9			2		
			5	1	8	6		
1		9	2			8		
				7				1

77

Moderate

5								9
					8			
	3	2			1	4	8	6
				9	3	2		
4								7
		5	8	2				
2	5	4	6	8		7	3	
			7					
1								4

Puzzles

78

Moderate

			1		9	7		4
	1		7					
			4			3		5
3	8							
		7				4		
						1	3	7
7		9			5			8
					7		6	
8		4			6			

Puzzles

79

Moderate

		6		2				
	1		8			7	5	
	7	8			1	6		
	6	9						2
			6		7			
	3					9	8	
		2	4			5	6	
	4	5					9	
				6		4		

Puzzles

		7						
	3		4		1	8		
	5		8	9			4	
		3		2		5		
7								1
		5		4		6		
	7	6		1	9		5	
		1	7		4		8	
						3		

Puzzles

81
Tough

		2				4	7	
				3			9	8
8							3	
			5		2		1	7
	7			4			5	
1	9		6		7			
	6							1
9	4			2				
	2	1				9		

Puzzles

82
Tough

						7		
6			1	2	8			
8								6
	6	4			7	8		
5			4		3			1
		1	9			4	6	
4	2							9
			7	9	2			3
		9						

Puzzles

83

Tough

	1					8	7	
				8		6		2
		5		3			1
			7	4			
6					9	1	
		6	5				
5		3		7			
7		3	6				
	1				4		

Puzzles

84
Tough

			9					5
8		7				3		
6							7	
	4	8		3		5		
2					9			
		3		8		9	6	
	8			5				2
						8		4
4				7				

Puzzles

85

Tough

7			8			4		5
			7	4	6		1	
	1	6		2				
		2				9		
						2	4	
	7		2	3				
3	6	5			9			8
8								

Puzzles

86
Tough

		5	3				8	
			4		7	6		
		2			9		7	
9	2					3		7
1		8					6	5
	6		9			1		
		3	7	2	1			
	1				5			

87
Tough

	8	5	3	1	7			
		4		6				8
		9						
9	4						2	
		6	1		4	7		
	3						4	6
						8		
7				2		5		
			7	8	5	6	1	

Puzzles

88
Tough

			4			2		
								9
	2	7	5				3	
	1			7			4	
3			9		6			1
	5			1			8	
	8					6	9	
5							2	
		9			7			

Puzzles

89
Tough

1			7				2	9
5		9			6			
		6	2		3			
2								8
		3		7		5		
7								6
			6		8	7		
			9			8		1
6	8				7			2

Puzzles

90
Tough

	4			5				
1	9		6		8			
5					4			
		1				9		
			2	6	9			8
		3				2		
			7					
			4		2		6	1
	3						7	

91
Tough

				3				
7			2		5			3
8		5	4		7			
	8					9	5	1
	1						6	
3	5	9					2	
			8		2	4		6
6			3		1			8

92

Tough

8	7	2		3				4
		9	6			5		2
9			3		5	1		
						4		
			2		8			9
5		8			4	3		
4				9		2		6

Puzzles

93
Tough

		1	5		8	9		
		3						
8				1				4
3			2	5				6
4		8				2		1
5				8				9
6				9				2
						6		
		2	3		5	8		

94
Tough

1		4		9	8	7		
	7						8	
6		3						1
			9		2			
7				8				2
			3		4			
3						2		8
	4						3	
		8	1	5		6		4

Puzzles

95
Tough

	7	3			8			
	9	2						
				2				
	2				1	5	7	
	3		6		4		1	
	1	9	7				3	
	8			6				
						9	8	
			1			7	4	

Puzzles

96

Tough

	7					5		
		8		3				
2			7		4			
			8					7
4			6		5			3
6				4	1			
			9	6	3			5
				5		7		
		3				1	6	

Puzzles

97
Tough

				2	3			8
	4						9	
	9							
2			7	9				3
7								1
9				5	8			7
		6					1	
	3			1			2	
5			3	8				

Puzzles

98
Tough

2			7					3
8			3	4				
		3			6			
7	4			5	2			9
1				7			4	2
			2			1		
				1	7			6
4		6			5			8

Puzzles

99
Tough

		8			9	3		6
3				4		1		
	2			7				5
								8
			1		7			
6								
4				9			2	
7		9		6				4
			8		4	5		

Puzzles

100
Tough

4		8	9		3		7	1
	7			5				
1								
	9		2				3	
		5		4		9		
	4				6		5	
								6
				3			8	
6	3		8		2	5		

Puzzles

101
Tough

				1				
	5						4	
		7			9	5		
2	1	9			6			3
5								8
8			3			1		6
		3	8	9		2		
	4						3	
				7			1	

Puzzles

102
Tough

2				9		7		
	6	7	8					
8		1	5					
	2							
7		3	6		2			1
							4	
					4			2
			1		9	5	7	
		8		7				3

Puzzles

103
Tough

					3	9		5
9		8		4			6	2
	2			7			1	
			6					
7							3	4
					9			
	6			9			4	
1	4			6		8		9
2			1					

Puzzles

							7	
					3			2
5	1	8		4				9
		1	9			2		5
9				8				1
6		7			2	8		
1				3		9	2	7
3			5					
	9							

Puzzles

105

Tough

7			8	9	1			6
		8						
	3			4				
5			6				4	3
	1			2			6	
6	2				3			9
				7			1	
						8		
1			9	3	8			4

106

Tough

8					2	3		4
		9		1			7	
			6	7	1			
	8						2	
4				5				1
	3						8	
		5	6	8				
	1			7		8		
7		8	2					6

Puzzles

107
Tough

				1	3			
1	5		6		9		2	
		3			5	1	4	
						9		2
5								7
2		9						
	7	5	1					
	2		9		6		8	3
			2	8				

108
Tough

	5		7	3	6		9	
	6		1			8		
	3	9				1		
			4		3			
		8				4	7	
	8	5		9	1		6	
	2		6		8			

Puzzles

109
Tough

3	5							2
		2		7		4		1
	7	4				8		
6			5					
				2				
					7			5
		9				6		
5		3		1		9		
8		6					4	3

Puzzles

110

Tough

1								7
		2					1	4
			5	4				
	7	3			1	9		
	6				5		3	
			9			2	7	
			5	7				2
3	5					4		
8								3

Puzzles

111

Tough

		8					7	
7	4						1	2
		5		3	1		8	
			1	6	8			
9								8
			3	9	4			
	2		5	1		4		
3	5						2	7
	9					8		

		4				1		2
			7					6
					5	4		9
4				7				
		1	2	3		8		
				8				7
2			1	5				
7					6			
9		8						

113
Tough

5								
	2			4	3			
	1	3		6	9			
	9	2		3				
7	8						1	3
			4	1		8	9	
			1	8		9	6	
			9	2			3	
								1

114

Tough

		9			6	3		
	6	4		2	5		1	
2			9	4		7		
	9						3	
		8	5	3	2			9
	1		4	7		8	9	
		5	2			4		

Puzzles

115
Tough

			5		2	3		
				6			5	
		7					1	2
				4			8	
		2	6	7	1	4		
	9	5						
8								
	1			5				
		3	2		4			

Puzzles

116

Tough

	4							
			5					2
9	1			3		7	4	
		5	9					1
2	6			1			8	9
1					6	3		
	9	1		8			2	6
3					1			
							9	

Puzzles

117

Tough

			4		1		9	
7								
		2			6	3		
	2			1			7	
8			3	5				1
	4			2				
		8	9			1		
								5
	6		2		8			9

Puzzles

118

Tough

				1		7	8	
		9				5		2
			3					
					1		9	
	9	2				8		
	7		5	6			1	
6		7				4		
	4	1		8			6	

Puzzles

119

Tough

		3	5					6
			4		1		7	2
	8				5			
	6			2			5	
			8				1	
	4						3	
1			7		2			
2		7			9	8		

		6	9			1		7
			4		5			
	4						8	
	1							3
				7				
2				8			7	6
	5						2	
		8	3					
9		3			4	7		

Puzzles

121
Diabolical

6			5	1	8		9	
					6	8		
	5							7
					9			
	4			6			2	
			7					
2	3						1	6
		9	4					
	7			9				3

122
Diabolical

	4				5			3
		9		7				6
			1				8	
				8	6			
6		7		1		4		9
			7	9				
	9			2	1			
3				4		5		
1			6				4	

123

Diabolical

3	9		1		8			
	8	1						
			7		9			
5						7	1	
	3			4			9	8
	6	8						5
		3		5				
						5	3	
			6		1		4	9

Puzzles

124
Diabolical

			7					2
		7		9				
1			8	4				
	3						7	
	7	5					9	
	2						6	
				3	4		8	7
				6		1		
3			2		5			

125
Diabolical

	8		5			4		
9					2		8	6
				4				2
7	6							8
	5		9		6		1	
							6	3
8				9				
			2					9
		1			5		3	

Puzzles

126
Diabolical

				3		5		
9							8	1
	3			2		9		
				7	3			
2		1				7		9
			1	6				
		4		1			6	
6	1							8
		7			8			

Puzzles

127
Diabolical

	1		6				7	
							5	
5				4	8			1
		4			9			
9				1	5			6
						2		
3			1					9
	5					7		
	2				4		3	

Puzzles

128
Diabolical

		3						
	7		3		5	9		
6		5		4				2
								5
	9		1		7		4	
4								
5				2		8		6
		1	8		6		9	
						2		

129

Diabolical

5		4				7		
	1		9	7				2
			4					8
			2	3		4		
		7				6		
		9		1				
					4			
7			8		1		2	
		1				3		6

Puzzles

130
Diabolical

		8	5		9			
				7		8	4	
9				3		6		
	7					3	8	
		6		1		4		
	1	3					2	
		9		4				8
	3			2				
			6		1	5		

Puzzles

131
Diabolical

			3		9		6	
		5		2		3		
	7		4					
							2	
4			9		3			5
	1			4				
					2	8	9	1
		3		8		6		
	2		5		6			

132
Diabolical

	9		7		2			1
	1						4	
				8				
			8			9	7	
6	3						1	5
	5	7			9			
			5	4				
	6						9	
5			9		8		2	

133

Diabolical

			1					
	1	8	5			3		7
	6						4	
		3		5			6	4
				7				
7	8			3		2		
	3						1	
2		1			8	4	3	
					9			

Puzzles

134
Diabolical

			7					
	9	6		2	3			
					8	9	1	
		1				2		4
	5						6	
4	7	3				5		
	3	5	6		2			
			3	5		7	8	
				7				

135

Diabolical

			6			4		
	7						6	
8	9						5	
			2		7	1		5
7		2	8		1			3
	6						4	
	1		7	5			2	
		9			8			

136
Diabolical

	7			3		1		
3			4		6			5
		8	6					
2	3		9				7	
7					2	5		
8			5	4	9			6
		4		8			2	

Puzzles

137

Diabolical

7				8				
3	9		1		7	5		
	1						6	
2							8	
			3	1	6			
	3	6						1
	8						4	
			7		2		3	
				3				6

Puzzles

138

Diabolical

				4			3	
		1	5			6		
	4		3		8		9	
2						1		
5			2					6
		3						7
	6		8		7			
		5			6	2		
1	2			9				

139
Diabolical

				7				
		8	1		3			2
2		1	9			5		
1							7	
		4	3	8		2		
	2							8
		5			9	7		1
9			2		5	6		
				6				

140
Diabolical

		1			5		
2				7				1
	9					7		
	4	6					3	
7		8		5	4		2
	5			3		8	
	8					5	
4			9				3
	6		1			

Puzzles

141

Diabolical

	1							
	5		4		1		8	6
6						3		
2							6	8
		1		7		5		
7	8							4
		2						5
4	6	3	1					
							7	

Puzzles

142
Diabolical

		2		4		6		
		9	3		6			
6			8					5
9				3				8
		4				5		
2				5				9
7					1			2
			2	9	5	8		
				7		1		

Puzzles

143
Diabolical

			5					4
				6				9
	4			8	3		1	
8		7	6				4	2
9								3
1	2				9	7		6
	8			7			3	
7								
5					1			

Puzzles

144
Diabolical

4						1		8
	2	8					4	
	9				1			6
			7	2		8		
				3				
		7		4	9			
3			8		7		5	
						9	1	
6		5						3

Puzzles

145
Diabolical

	2		8	9			3	
						1		5
3		4						
	9			2		4		
7	5			4			9	8
		3		7			1	
						7		1
2		5						
	7			1	5		2	

Puzzles

146

Diabolical

		6	1		2			
5		3				8		
	1		6				2	
6					5		7	
7								4
	5				6			2
	3				9			
		9						8
			7		1	9		

Puzzles

147

Diabolical

2							3	
			6	1	9			5
6					3		9	
				8		5		
9			2					3
3		1		4				
	8							6
			8		7			
	6							1

Puzzles

148
Diabolical

	1	8	5			6	4	
4			6				3	
						8		
		4		7		2		
		1	5	6				
		1		8		5		
	2							
	6				9			8
	8				5	3	1	

Puzzles

149

Diabolical

9			6					
		4	7		1	2		
	1							8
3					6			4
5		9		3		7		1
4			2					3
1							6	
		6	9			4		
				5				2

Puzzles

150
Diabolical

	2						1	
		8	9		7	5	6	
				5				
		3						7
		9	6	8	3	2		
8						9		
				6				
	7	1	3		9	4		
	8		4				2	

Puzzles

151
Diabolical

3					8	6		
				3	4			
9			6					
		4				7	8	
7								9
	5	6				4		
					3			1
			2	7	1	8		
1		7	8					4

152
Diabolical

	2			3			8	
6		7				9		
					1			4
		2						5
	8		7		9		6	
						3		
1			2					
		3				8		2
	5			6		1	3	

Puzzles

153

Diabolical

			7		6		4	
7			8			1		
	8			2				
	2		6					9
1	9						6	8
6					2		7	
							3	
		1	9		4			7
	6		3		8			

154
Diabolical

9							5	2
	3	7						
	8			4				
		6			4	3		
			7		3		6	
		3	5		1	8		
				8		7	9	
						1	8	
7	6							3

Puzzles

155

Diabolical

			5					
			4		6			7
4						8		3
3						6		8
			9		1			
7		4						9
		5				4		1
2			6		7		9	
					9			

Puzzles

156
Diabolical

		3		8		6		
7			9			5		
	1		2		7		4	
9								
	5	8				9	3	
								4
	2		3		8		7	5
					1			6
		9		4		8		

Puzzles

157

Diabolical

	1		5				7	
	8	4			9	6		
						4	9	
				2		9		
5	2			7			4	
		9		8				
	7	1						
		5	4			7	6	
	9				6		3	

158
Diabolical

	8	3			4		5	
	5							2
2	9			7		8		6
			8	1				
		5				9		
				3	7			
9		8		5			2	3
4							9	
	2		7			4	8	

Puzzles

159
Diabolical

7		8				6		4
				7				
	5			6	1			
2			3				4	
8		6				7		5
	7				6			1
			2	9				
				3	4			
4						8		9

Puzzles

160
Diabolical

	9	2	5			4	3	
			4		6	8		
			3					
9		8						4
		3	6		4	9		
7								2
				4				
		1	3		8			
	6	9			7	5	4	

Puzzles

161

Extreme

1		2		3			4	
			6				7	1
						2		6
		3	8	2				
4		1						
7		9			3		1	
	5			4		3		9

Puzzles

162

Extreme

		4			8	7		
			4					
	8	9		7			6	
		2	1	5				4
	7						5	
5				3	7	8		
	2			6		3	1	
					1			
		5	7		3	6		

Puzzles

163
Extreme

	4						2	
	1	9				7		
8								5
				1		5	4	
			6		2			
	6	3		5		1	8	
9			3					4
		7				9	5	
							1	

Puzzles

164

Extreme

		4					8	
8		2			9			7
				2	5			
			7					6
		7				8		
9			1	3				
		6	4		3	2		
3			2			1		
	7					6		

Puzzles

165

Extreme

9				5				3
		2				9		
	8		6				4	
4		6				2		
			3		7			
			4			1		
	7			3	1		8	
		1				7		
				2				

Puzzles

166
Extreme

							1	
			3	6	2			
		9	5		7			
5			8					7
	7	8	1		3	2	4	
1					4			8
		4	9		5	7		
			7	8	6			
	3							

167

Extreme

2	6							
		7	8					9
8				1				
			9			5		8
5	3						7	6
4		8						
				3				5
6			4		2	9		
							6	1

Puzzles

168
Extreme

			4					
		1	7		2			
7		5				2		
			6		4		2	
	6	2				3	1	
	4		1				7	
		8				9		2
			2		3	7		
				8				

Puzzles

169

Extreme

	9							
		4	6		7	9	1	
1				9	5			
8	6	1				5		
				5				
		3				4	6	8
			2	8				4
	4	5	7		1	2		
						7		

Puzzles

170
Extreme

			8				9	
		7			2	3		
		9		6				
6		2		9				5
	7						4	
9				5		1		3
				4	8	5		
		1				6		
	5				3			

Puzzles

171

Extreme

					4	6		3
				1				
	7		3		2	4	1	
		7				2		4
			5		8			
8		1				9		
	4	2	8		1		7	
6		3	4					

Puzzles

172
Extreme

	2			3				
		1				8		
7			4	9		2		
					6			8
5			2					9
3			7					
					3	9		5
4		7				6		
				4			8	

173

Extreme

	4		6		5			2
1				7				
	9						1	5
			5		4	8		
		9		8		2		
		2			6			
8	3						7	
				5				8
			3				4	

174

Extreme

3	5	4	1		2			
7								
	9		3	5				
		2				1	9	
1								7
	7	9				5		
	3			6	5		8	
								9
			4		9	6	3	

Puzzles

175
Extreme

	9				3			
	7		2	6			9	
2								5
9	3	7					8	4
4	8			3		2		6
5								9
	6			8	2		3	
			9				4	

Puzzles

176

Extreme

1	3		6		8		9	
4	5							2
	6		5			2		
			8		4			
		1			7		5	
2							8	7
	8	5	2		6			4
			3					

Puzzles

177

Extreme

		5	3		8			
	7	8	1			4	3	
				7			5	
6			2			3		
		1	7		5			4
	1			9				
	6	4			1	9	7	
			6		2	5		

178

Extreme

			3			5		
	1	4	8	6			2	
5				2				
	5	8				6		
	6						9	
		1				7	4	
				4				2
	4			8	7	1	6	
		2	6		9			

Puzzles

179

Extreme

6				4			7	
	9	7	3			4		
1			5		7			
	7			3				
4	5						6	1
				5			8	
			6		9			2
		2			5	6	3	
	6			8				4

Puzzles

180
Extreme

3				7				
		1	3					
	9	4				5	6	
	5			2		9		
		4		6				
	2		1					
	7	5			4	8	2	
					8	3		
8							4	

181

Extreme

		6			1	7		
	7					9		
					2			
	5		7		9	1	6	
		4				5	9	
	1		6				3	
			8					
6		2					5	
		3	5			6		

Puzzles

182

Extreme

		2						
8		7	4					1
4	1				6		3	8
5				1				
		8	7		4	6		
			3					9
3	8						7	5
2					8	9		4
						3		

Puzzles

183
Extreme

			7	1	2			
	1		5				4	
3				8		5		
8	7							6
		4		9		3		
9							1	7
		1		4				5
	3				5		6	
			3	2	1			

Puzzles

184

Extreme

		9					8	
1		4	7	2		3		9
					1	2		
				7				
	8	2			5	1	4	
				8				
		5	6					
		3		5	2	6		4
	6					8		

185
Extreme

4					9	8		2
8		3	2	5		4		
	2						6	
				3	1			
7								4
			7	8				
	4						9	
		6		2	7	3		
5		7	8					6

Puzzles

186

Extreme

			1				6
		6			9	2		
1	4		5			8		
7	1		6		3			
				8				
			9		5		2	1
		1			2		5	9
		5	1			6		
3				5				

Puzzles

187

Extreme

6			8	2	1			9
7	8			4				1
			3				6	
		6					9	
3								8
	4					5		
	7				9			
2				6			4	
8			1		4			2

188

Extreme

				5			6	
8		7				1		
1			7		3		5	9
			3				7	8
		3				5		
	2				5			
9	3		8		7			5
		8				4		
				4				

Puzzles

189

Extreme

			6		1	7	3	
7				3				9
3							4	
			3		9		1	
		9				4		
	4		1		7			
	7							1
5				8				4
	2	8	9		3	6		

Puzzles

190
Extreme

			4		2		7	
4	9				3			1
		7		5				
		8				1		
9			2		1			8
		6				7		
				2		5		
	3		8				4	9
	7		5		9			

Puzzles

191

Extreme

		4		2	5			
6								
	7	1	9					
8			1		9		2	
	4		7		8		6	
2					3	8	7	
								5
			8		7	9		

Puzzles

192

Extreme

8	2						1	4
		4	7					
					5			7
2			8		7			5
	5						7	
			3		9			2
3			5					
		6				3		
	9						8	6

Puzzles

193

Extreme

6		5						4
					6		5	
4	7		8				1	2
				9				
5			7		2			6
				5				
2	4				7			9
	9		3		4			
1						8		7

Puzzles

194

Extreme

	6			4			5	2
		1				4		
	5							
		2	3		8			
8			9		6			5
			1			3		
							6	
		6				5	7	3
1	4			6			8	

Puzzles

195

Extreme

		8				7	4	
5				4				3
3			5				1	8
			7				2	
			4		1			
	9				3			1
2	1				5			4
9				7				2
	6	7				5		

Puzzles

196
Extreme

	5		6		3			
1				7				3
		8		5			4	
2					1	3		
	8						2	
	1		7					8
	2			4		6		
6				8				5
			1		6		9	

Puzzles

197

Extreme

	8				6		1	3
				5				
	6	1	3			2		
	3		8			5	7	
				2				
	9	6			3		4	
		8			7	6	2	
				8				
9	4		6				5	

198
Extreme

	3	8						
	1			6				
4			5		7			
		5		1		4		3
			7		6			
8		6				9		
			6	4	9			8
			3	7			5	
						6	9	

Puzzles

199

Extreme

	9				6		8	
8			7				6	
		7		8		2		
9	8			6	7			
				4				
			8	5			7	4
		2		1				
	1				4			5
	7		6				2	

Puzzles

200
Extreme

		1	2					8
9		7						
8	3			9				2
6	5				7			
				1				
			5				6	7
7				3			9	4
				8		1		
3						2		

Solutions

1

5	4	8	2	6	3	1	9	7
7	1	2	4	9	8	5	3	6
6	3	9	5	7	1	8	4	2
9	2	1	7	3	5	4	6	8
8	6	3	9	2	4	7	5	1
4	7	5	1	8	6	3	2	9
1	9	7	3	5	2	6	8	4
2	5	6	8	4	7	9	1	3
3	8	4	6	1	9	2	7	5

2

4	8	1	9	5	6	7	3	2
7	2	5	8	4	3	6	9	1
3	9	6	2	1	7	4	8	5
6	1	8	4	7	2	3	5	9
2	4	9	3	8	5	1	6	7
5	7	3	1	6	9	2	4	8
9	3	7	5	2	4	8	1	6
1	5	2	6	3	8	9	7	4
8	6	4	7	9	1	5	2	3

3

9	4	8	2	1	3	5	7	6
3	2	5	7	8	6	1	9	4
6	7	1	5	9	4	2	3	8
5	1	2	9	4	7	8	6	3
8	3	4	6	5	2	7	1	9
7	9	6	1	3	8	4	2	5
4	5	7	3	6	1	9	8	2
2	8	3	4	7	9	6	5	1
1	6	9	8	2	5	3	4	7

4

2	9	3	7	8	1	4	5	6
6	1	4	5	3	9	2	8	7
8	5	7	2	6	4	3	1	9
9	3	5	8	2	7	1	6	4
4	2	8	6	1	3	7	9	5
1	7	6	4	9	5	8	3	2
5	4	1	3	7	6	9	2	8
7	8	9	1	5	2	6	4	3
3	6	2	9	4	8	5	7	1

5

7	3	1	5	8	9	4	2	6
2	8	5	6	3	4	1	9	7
4	6	9	7	1	2	3	5	8
6	7	2	4	5	8	9	1	3
1	4	8	2	9	3	6	7	5
9	5	3	1	7	6	2	8	4
3	2	7	8	6	1	5	4	9
8	1	6	9	4	5	7	3	2
5	9	4	3	2	7	8	6	1

6

3	9	5	6	4	2	8	7	1
1	2	4	9	8	7	5	3	6
6	7	8	1	3	5	9	4	2
9	1	3	7	5	6	2	8	4
2	8	6	3	9	4	1	5	7
4	5	7	2	1	8	6	9	3
8	6	9	4	2	3	7	1	5
5	3	2	8	7	1	4	6	9
7	4	1	5	6	9	3	2	8

Solutions

7

1	3	8	6	7	9	4	2	5
4	2	6	3	5	8	1	7	9
5	7	9	2	1	4	3	6	8
8	1	7	5	3	2	6	9	4
3	9	5	4	6	1	7	8	2
6	4	2	9	8	7	5	1	3
2	5	1	8	4	6	9	3	7
7	8	4	1	9	3	2	5	6
9	6	3	7	2	5	8	4	1

8

2	5	8	6	1	3	7	4	9
3	6	4	5	9	7	2	1	8
7	9	1	4	2	8	6	3	5
1	4	7	9	3	5	8	2	6
9	8	2	1	7	6	3	5	4
5	3	6	2	8	4	9	7	1
4	1	3	7	6	9	5	8	2
8	2	9	3	5	1	4	6	7
6	7	5	8	4	2	1	9	3

9

9	7	4	1	8	5	3	6	2
1	5	2	6	4	3	9	8	7
3	6	8	9	7	2	5	1	4
4	2	1	7	3	6	8	9	5
6	8	5	4	1	9	2	7	3
7	9	3	2	5	8	6	4	1
2	3	7	8	9	4	1	5	6
5	4	9	3	6	1	7	2	8
8	1	6	5	2	7	4	3	9

10

6	3	4	8	2	7	5	9	1
2	5	7	1	4	9	6	3	8
9	1	8	6	5	3	2	4	7
4	2	1	5	3	6	8	7	9
7	8	6	4	9	2	1	5	3
5	9	3	7	1	8	4	2	6
3	6	5	2	7	1	9	8	4
8	4	9	3	6	5	7	1	2
1	7	2	9	8	4	3	6	5

11

7	9	5	8	1	2	3	6	4
4	6	8	5	3	7	1	2	9
3	2	1	6	9	4	8	5	7
1	5	7	9	8	6	2	4	3
9	8	4	2	5	3	6	7	1
6	3	2	7	4	1	9	8	5
5	1	3	4	2	8	7	9	6
2	4	6	1	7	9	5	3	8
8	7	9	3	6	5	4	1	2

12

8	9	3	4	2	6	7	5	1
5	6	4	1	7	9	3	8	2
1	2	7	5	8	3	9	4	6
7	5	1	9	4	8	6	2	3
9	3	8	6	1	2	4	7	5
2	4	6	3	5	7	8	1	9
6	7	5	2	3	4	1	9	8
4	1	9	8	6	5	2	3	7
3	8	2	7	9	1	5	6	4

Solutions

13

7	2	8	4	9	5	6	1	3
9	5	4	6	3	1	7	2	8
6	1	3	7	8	2	5	9	4
8	3	1	5	2	4	9	6	7
5	6	9	1	7	8	3	4	2
2	4	7	9	6	3	1	8	5
1	7	2	8	5	6	4	3	9
4	8	5	3	1	9	2	7	6
3	9	6	2	4	7	8	5	1

14

2	6	1	5	3	8	7	4	9
8	4	3	7	6	9	1	5	2
7	9	5	1	2	4	8	6	3
3	2	8	6	9	5	4	7	1
9	7	6	3	4	1	5	2	8
5	1	4	8	7	2	3	9	6
1	5	7	9	8	6	2	3	4
4	3	9	2	1	7	6	8	5
6	8	2	4	5	3	9	1	7

15

7	6	3	5	1	2	4	8	9
4	2	1	8	9	3	7	6	5
9	5	8	6	7	4	2	1	3
6	4	2	3	8	1	9	5	7
1	3	7	4	5	9	8	2	6
8	9	5	2	6	7	3	4	1
5	1	4	7	3	8	6	9	2
2	7	6	9	4	5	1	3	8
3	8	9	1	2	6	5	7	4

16

1	4	7	9	8	5	6	3	2
6	3	8	7	4	2	9	5	1
2	5	9	1	6	3	7	4	8
3	2	4	8	1	6	5	9	7
5	9	6	4	2	7	8	1	3
7	8	1	5	3	9	2	6	4
9	7	3	2	5	4	1	8	6
8	6	5	3	7	1	4	2	9
4	1	2	6	9	8	3	7	5

17

8	3	4	5	9	6	7	2	1
2	1	5	7	4	3	9	6	8
7	9	6	2	8	1	4	3	5
3	8	2	4	1	7	6	5	9
4	5	9	8	6	2	3	1	7
6	7	1	9	3	5	2	8	4
1	2	7	6	5	4	8	9	3
9	6	3	1	7	8	5	4	2
5	4	8	3	2	9	1	7	6

18

1	4	5	6	7	8	3	9	2
2	7	3	9	1	5	4	6	8
6	9	8	3	4	2	5	1	7
8	3	6	4	2	7	9	5	1
9	1	2	8	5	3	7	4	6
7	5	4	1	9	6	8	2	3
3	6	9	2	8	4	1	7	5
5	2	1	7	3	9	6	8	4
4	8	7	5	6	1	2	3	9

Solutions

19

1	5	3	2	7	9	4	8	6
9	8	2	5	4	6	3	7	1
7	4	6	1	8	3	2	5	9
4	7	9	6	2	1	8	3	5
5	2	1	4	3	8	6	9	7
6	3	8	9	5	7	1	4	2
8	1	4	7	6	5	9	2	3
2	9	5	3	1	4	7	6	8
3	6	7	8	9	2	5	1	4

20

7	9	2	4	8	3	6	1	5
1	3	4	2	5	6	8	7	9
5	8	6	1	7	9	4	2	3
8	4	1	5	9	7	2	3	6
9	7	3	6	2	8	5	4	1
6	2	5	3	4	1	7	9	8
3	1	7	8	6	4	9	5	2
4	5	8	9	1	2	3	6	7
2	6	9	7	3	5	1	8	4

21

8	4	2	5	6	7	3	9	1
9	3	7	4	2	1	6	8	5
6	5	1	8	3	9	2	4	7
4	9	3	2	1	8	7	5	6
5	1	6	7	4	3	9	2	8
2	7	8	6	9	5	1	3	4
1	6	5	3	8	2	4	7	9
7	2	4	9	5	6	8	1	3
3	8	9	1	7	4	5	6	2

22

2	4	6	7	9	5	1	3	8
3	7	8	2	1	4	5	6	9
1	5	9	3	8	6	2	7	4
5	2	3	8	7	1	9	4	6
6	1	7	4	3	9	8	5	2
9	8	4	5	6	2	7	1	3
4	3	1	9	2	7	6	8	5
8	6	2	1	5	3	4	9	7
7	9	5	6	4	8	3	2	1

23

9	7	2	1	3	6	5	8	4
4	5	3	9	2	8	1	7	6
1	6	8	5	4	7	3	2	9
8	4	7	6	9	1	2	3	5
5	1	6	2	8	3	4	9	7
2	3	9	7	5	4	8	6	1
6	8	1	3	7	5	9	4	2
3	9	5	4	6	2	7	1	8
7	2	4	8	1	9	6	5	3

24

9	4	7	1	5	6	2	8	3
8	5	6	9	3	2	1	4	7
1	2	3	8	7	4	5	6	9
5	7	8	2	6	3	4	9	1
4	6	1	7	8	9	3	5	2
3	9	2	5	4	1	8	7	6
7	1	9	4	2	8	6	3	5
2	3	4	6	9	5	7	1	8
6	8	5	3	1	7	9	2	4

Solutions

25

8	6	1	7	2	5	3	9	4
2	9	3	6	8	4	1	5	7
7	4	5	9	1	3	2	8	6
9	7	6	8	4	2	5	3	1
5	8	4	3	7	1	6	2	9
1	3	2	5	6	9	7	4	8
3	1	8	2	9	6	4	7	5
6	5	7	4	3	8	9	1	2
4	2	9	1	5	7	8	6	3

26

7	9	2	5	8	1	3	6	4
6	4	8	2	9	3	5	7	1
1	3	5	7	4	6	9	2	8
5	2	3	8	7	9	1	4	6
8	7	9	1	6	4	2	3	5
4	6	1	3	5	2	7	8	9
3	8	7	6	1	5	4	9	2
2	5	4	9	3	8	6	1	7
9	1	6	4	2	7	8	5	3

27

7	8	5	4	2	9	1	6	3
9	1	6	3	8	7	5	2	4
4	3	2	5	1	6	7	8	9
1	5	7	8	4	2	9	3	6
8	6	4	1	9	3	2	5	7
3	2	9	6	7	5	8	4	1
2	9	3	7	6	8	4	1	5
5	7	1	2	3	4	6	9	8
6	4	8	9	5	1	3	7	2

28

4	7	1	5	2	6	3	9	8
3	8	6	4	7	9	1	5	2
9	5	2	8	1	3	4	7	6
7	2	4	6	9	1	5	8	3
1	9	5	3	8	4	2	6	7
8	6	3	2	5	7	9	4	1
2	1	7	9	4	8	6	3	5
5	3	9	7	6	2	8	1	4
6	4	8	1	3	5	7	2	9

29

7	3	4	6	8	5	1	2	9
2	6	8	1	9	7	5	4	3
5	1	9	2	4	3	6	7	8
6	4	1	3	5	2	9	8	7
8	5	7	9	6	4	3	1	2
9	2	3	7	1	8	4	5	6
3	8	6	4	2	1	7	9	5
4	9	2	5	7	6	8	3	1
1	7	5	8	3	9	2	6	4

30

1	8	2	5	7	3	9	6	4
3	4	5	8	6	9	7	1	2
6	7	9	4	2	1	8	5	3
9	5	3	2	8	4	1	7	6
4	1	7	3	5	6	2	9	8
8	2	6	1	9	7	3	4	5
2	9	4	6	1	8	5	3	7
5	6	1	7	3	2	4	8	9
7	3	8	9	4	5	6	2	1

Solutions

31

4	2	3	1	8	9	7	6	5
6	1	9	5	3	7	2	8	4
7	5	8	2	6	4	1	9	3
1	8	4	7	5	2	6	3	9
5	3	6	8	9	1	4	7	2
2	9	7	3	4	6	5	1	8
9	4	5	6	7	3	8	2	1
8	7	2	9	1	5	3	4	6
3	6	1	4	2	8	9	5	7

32

8	9	6	2	4	1	5	3	7
1	5	7	8	3	9	4	2	6
4	3	2	7	6	5	9	8	1
2	4	5	9	1	6	8	7	3
6	8	3	4	2	7	1	5	9
7	1	9	5	8	3	6	4	2
5	6	1	3	7	8	2	9	4
9	7	4	6	5	2	3	1	8
3	2	8	1	9	4	7	6	5

33

9	7	2	1	6	4	3	5	8
6	3	5	9	8	2	1	7	4
1	4	8	5	7	3	6	2	9
5	2	9	6	1	7	4	8	3
7	8	1	3	4	5	2	9	6
3	6	4	2	9	8	5	1	7
2	9	7	4	3	1	8	6	5
4	1	6	8	5	9	7	3	2
8	5	3	7	2	6	9	4	1

34

2	6	1	8	5	7	9	4	3
9	7	5	3	4	2	6	8	1
3	4	8	6	1	9	2	5	7
7	3	2	9	8	4	5	1	6
6	8	4	5	2	1	7	3	9
5	1	9	7	6	3	4	2	8
8	9	6	4	3	5	1	7	2
4	2	3	1	7	6	8	9	5
1	5	7	2	9	8	3	6	4

35

2	8	3	7	4	9	6	5	1
7	5	6	2	1	3	9	8	4
9	1	4	6	5	8	7	3	2
5	4	9	3	7	1	8	2	6
8	2	1	4	6	5	3	7	9
3	6	7	9	8	2	4	1	5
4	7	2	1	3	6	5	9	8
6	9	8	5	2	7	1	4	3
1	3	5	8	9	4	2	6	7

36

6	3	1	8	2	9	7	5	4
5	4	8	6	3	7	1	9	2
2	7	9	5	1	4	8	6	3
3	2	6	7	4	1	5	8	9
9	1	7	2	5	8	4	3	6
4	8	5	9	6	3	2	7	1
7	6	3	1	8	2	9	4	5
8	5	2	4	9	6	3	1	7
1	9	4	3	7	5	6	2	8

Solutions

37

4	7	6	1	8	9	5	3	2
1	3	2	5	7	6	9	8	4
8	9	5	4	2	3	6	1	7
3	5	8	2	9	7	1	4	6
9	1	7	6	4	8	2	5	3
2	6	4	3	1	5	8	7	9
6	4	3	9	5	1	7	2	8
5	8	9	7	3	2	4	6	1
7	2	1	8	6	4	3	9	5

38

3	4	8	6	9	2	5	7	1
7	2	6	5	1	8	4	3	9
9	1	5	3	4	7	2	6	8
6	5	2	4	7	9	8	1	3
1	7	3	2	8	5	6	9	4
4	8	9	1	6	3	7	2	5
5	3	7	8	2	1	9	4	6
8	9	4	7	3	6	1	5	2
2	6	1	9	5	4	3	8	7

39

1	8	5	3	7	9	6	2	4
4	2	3	8	5	6	1	7	9
7	6	9	2	4	1	3	8	5
3	7	1	4	8	2	9	5	6
8	5	6	1	9	7	2	4	3
2	9	4	6	3	5	7	1	8
9	3	8	7	1	4	5	6	2
6	4	7	5	2	3	8	9	1
5	1	2	9	6	8	4	3	7

40

8	4	1	9	6	2	3	5	7
2	9	3	4	7	5	6	8	1
6	5	7	1	8	3	2	9	4
5	7	6	8	3	4	1	2	9
1	3	9	2	5	7	4	6	8
4	8	2	6	9	1	5	7	3
3	2	5	7	1	8	9	4	6
7	6	4	3	2	9	8	1	5
9	1	8	5	4	6	7	3	2

41

5	9	7	6	1	3	8	4	2
8	6	3	7	2	4	5	1	9
1	2	4	8	5	9	6	7	3
6	1	9	5	7	2	3	8	4
3	4	8	1	9	6	2	5	7
7	5	2	4	3	8	1	9	6
2	7	6	9	8	1	4	3	5
9	3	1	2	4	5	7	6	8
4	8	5	3	6	7	9	2	1

42

1	2	8	6	4	7	9	3	5
4	6	5	1	3	9	2	7	8
9	7	3	2	8	5	6	1	4
5	9	6	3	7	2	4	8	1
8	1	7	5	9	4	3	6	2
2	3	4	8	6	1	5	9	7
6	4	1	7	2	3	8	5	9
7	8	2	9	5	6	1	4	3
3	5	9	4	1	8	7	2	6

Solutions

43

3	1	2	4	7	8	6	9	5
5	7	4	3	9	6	2	1	8
6	9	8	5	2	1	7	4	3
8	2	6	9	3	7	1	5	4
1	5	7	6	8	4	3	2	9
4	3	9	2	1	5	8	6	7
9	8	5	7	6	2	4	3	1
2	4	1	8	5	3	9	7	6
7	6	3	1	4	9	5	8	2

44

9	5	1	4	3	8	6	7	2
8	7	2	1	9	6	3	4	5
6	3	4	5	2	7	1	9	8
5	8	7	3	6	2	9	1	4
3	1	9	8	4	5	7	2	6
2	4	6	9	7	1	8	5	3
7	9	5	2	8	3	4	6	1
4	2	3	6	1	9	5	8	7
1	6	8	7	5	4	2	3	9

45

3	7	6	9	5	1	4	2	8
4	2	1	6	8	7	9	5	3
9	5	8	3	2	4	6	7	1
7	1	2	5	4	3	8	9	6
6	8	9	7	1	2	5	3	4
5	4	3	8	9	6	7	1	2
1	6	4	2	7	9	3	8	5
2	9	5	4	3	8	1	6	7
8	3	7	1	6	5	2	4	9

46

8	3	2	7	5	6	9	1	4
1	5	6	9	2	4	7	8	3
9	4	7	8	1	3	2	5	6
2	9	4	3	7	8	1	6	5
5	7	3	2	6	1	4	9	8
6	1	8	4	9	5	3	7	2
3	2	5	1	8	9	6	4	7
7	8	9	6	4	2	5	3	1
4	6	1	5	3	7	8	2	9

47

5	4	1	8	2	6	7	9	3
2	7	9	5	3	4	8	1	6
8	6	3	1	9	7	4	5	2
6	9	5	3	7	2	1	8	4
4	3	8	9	1	5	2	6	7
1	2	7	4	6	8	5	3	9
7	1	2	6	5	9	3	4	8
3	8	6	2	4	1	9	7	5
9	5	4	7	8	3	6	2	1

48

9	4	2	5	3	7	8	1	6
3	1	7	4	8	6	9	5	2
6	5	8	9	1	2	3	7	4
8	6	3	2	7	4	5	9	1
7	9	4	1	6	5	2	3	8
1	2	5	3	9	8	4	6	7
4	7	9	6	2	3	1	8	5
5	8	1	7	4	9	6	2	3
2	3	6	8	5	1	7	4	9

Solutions

49

3	8	6	1	4	9	7	5	2
4	1	7	5	2	6	9	8	3
5	2	9	3	8	7	1	4	6
1	7	5	2	9	4	6	3	8
6	9	8	7	3	5	4	2	1
2	4	3	8	6	1	5	9	7
9	3	4	6	1	8	2	7	5
8	5	1	9	7	2	3	6	4
7	6	2	4	5	3	8	1	9

50

6	1	3	4	8	5	7	9	2
4	2	8	7	9	1	3	6	5
9	7	5	2	6	3	1	8	4
5	8	1	6	3	7	4	2	9
2	3	9	5	1	4	8	7	6
7	4	6	9	2	8	5	3	1
3	9	4	8	5	2	6	1	7
1	6	7	3	4	9	2	5	8
8	5	2	1	7	6	9	4	3

51

1	2	4	9	7	3	8	5	6
5	9	6	8	4	1	3	7	2
8	7	3	5	2	6	4	9	1
2	5	9	6	8	4	7	1	3
3	6	8	7	1	9	5	2	4
7	4	1	2	3	5	9	6	8
6	1	7	3	9	8	2	4	5
4	3	2	1	5	7	6	8	9
9	8	5	4	6	2	1	3	7

52

6	2	9	7	8	3	4	1	5
3	4	1	5	2	6	8	9	7
5	8	7	4	9	1	3	2	6
2	1	5	3	6	8	9	7	4
8	9	6	2	7	4	1	5	3
4	7	3	1	5	9	6	8	2
9	6	2	8	3	5	7	4	1
7	3	4	9	1	2	5	6	8
1	5	8	6	4	7	2	3	9

53

7	2	8	9	6	1	5	3	4
6	1	5	2	4	3	8	7	9
3	4	9	5	7	8	2	6	1
2	7	4	8	3	5	1	9	6
1	5	6	7	9	2	4	8	3
9	8	3	4	1	6	7	2	5
8	6	1	3	2	4	9	5	7
4	9	2	6	5	7	3	1	8
5	3	7	1	8	9	6	4	2

54

7	1	4	6	3	8	9	5	2
9	8	3	2	4	5	1	6	7
5	2	6	1	7	9	4	8	3
1	4	5	7	9	3	8	2	6
8	6	9	5	1	2	7	3	4
2	3	7	4	8	6	5	9	1
6	7	8	9	2	4	3	1	5
3	5	1	8	6	7	2	4	9
4	9	2	3	5	1	6	7	8

Solutions

55

3	5	1	4	9	8	7	6	2
9	8	7	2	6	3	1	4	5
6	2	4	5	7	1	9	8	3
4	1	8	9	5	2	3	7	6
2	7	6	3	1	4	5	9	8
5	3	9	6	8	7	2	1	4
8	4	5	1	2	9	6	3	7
7	9	2	8	3	6	4	5	1
1	6	3	7	4	5	8	2	9

56

9	5	8	3	6	1	2	4	7
3	7	1	8	2	4	9	5	6
2	4	6	9	5	7	8	3	1
1	9	2	5	8	6	3	7	4
5	6	4	2	7	3	1	8	9
7	8	3	1	4	9	5	6	2
6	2	5	4	9	8	7	1	3
8	1	7	6	3	2	4	9	5
4	3	9	7	1	5	6	2	8

57

4	3	7	8	6	9	1	2	5
2	9	8	4	1	5	6	3	7
1	6	5	7	2	3	9	8	4
8	1	3	2	5	4	7	9	6
7	4	2	3	9	6	5	1	8
6	5	9	1	7	8	3	4	2
9	7	4	6	3	2	8	5	1
5	8	1	9	4	7	2	6	3
3	2	6	5	8	1	4	7	9

58

5	8	3	1	2	9	6	4	7
2	1	7	4	6	3	5	9	8
9	4	6	7	8	5	2	1	3
6	3	9	2	5	1	8	7	4
8	5	2	9	4	7	1	3	6
4	7	1	8	3	6	9	2	5
7	6	4	5	1	2	3	8	9
3	2	8	6	9	4	7	5	1
1	9	5	3	7	8	4	6	2

59

9	7	5	4	8	2	1	3	6
4	1	2	7	3	6	8	9	5
8	3	6	9	5	1	2	4	7
3	2	9	6	1	8	5	7	4
5	8	4	2	7	3	9	6	1
7	6	1	5	4	9	3	2	8
1	4	3	8	9	7	6	5	2
6	5	8	3	2	4	7	1	9
2	9	7	1	6	5	4	8	3

60

3	5	7	2	9	6	1	8	4
6	8	4	7	1	5	9	3	2
9	2	1	4	3	8	7	6	5
8	4	6	3	5	1	2	7	9
7	1	2	9	8	4	3	5	6
5	3	9	6	7	2	8	4	1
2	9	5	8	6	3	4	1	7
1	7	3	5	4	9	6	2	8
4	6	8	1	2	7	5	9	3

Solutions

61

4	1	5	2	3	9	8	7	6
2	9	8	6	5	7	4	1	3
6	3	7	4	8	1	5	9	2
3	7	4	8	9	6	2	5	1
9	5	6	1	2	3	7	4	8
1	8	2	5	7	4	6	3	9
8	4	9	7	1	2	3	6	5
7	2	1	3	6	5	9	8	4
5	6	3	9	4	8	1	2	7

62

8	9	3	2	7	1	6	5	4
4	5	6	8	3	9	1	2	7
7	2	1	5	6	4	3	8	9
3	8	9	7	5	2	4	1	6
2	1	4	6	9	3	8	7	5
6	7	5	4	1	8	2	9	3
5	4	2	3	8	7	9	6	1
9	6	8	1	4	5	7	3	2
1	3	7	9	2	6	5	4	8

63

8	9	2	3	5	7	1	6	4
7	5	4	6	9	1	8	3	2
6	1	3	4	8	2	7	5	9
9	6	5	8	4	3	2	1	7
4	3	7	2	1	6	5	9	8
1	2	8	5	7	9	6	4	3
5	4	9	1	2	8	3	7	6
3	8	1	7	6	4	9	2	5
2	7	6	9	3	5	4	8	1

64

8	1	7	2	4	5	6	3	9
3	2	9	6	7	8	4	1	5
4	6	5	9	3	1	7	2	8
7	5	3	1	6	2	8	9	4
1	9	6	5	8	4	2	7	3
2	8	4	7	9	3	5	6	1
9	7	8	4	1	6	3	5	2
6	4	2	3	5	9	1	8	7
5	3	1	8	2	7	9	4	6

65

1	2	4	6	5	3	7	8	9
3	9	5	8	7	4	2	1	6
6	8	7	2	1	9	3	4	5
9	7	6	1	8	5	4	2	3
8	5	2	4	3	6	9	7	1
4	1	3	7	9	2	6	5	8
5	6	1	3	2	7	8	9	4
2	4	9	5	6	8	1	3	7
7	3	8	9	4	1	5	6	2

66

6	7	1	5	2	8	4	3	9
4	5	8	7	9	3	6	2	1
3	9	2	1	4	6	8	7	5
1	8	6	4	5	7	2	9	3
7	4	3	9	6	2	1	5	8
5	2	9	3	8	1	7	4	6
2	1	5	8	7	9	3	6	4
9	3	7	6	1	4	5	8	2
8	6	4	2	3	5	9	1	7

Solutions

67

9	8	6	1	7	3	5	2	4
7	2	5	4	6	8	3	1	9
3	4	1	2	9	5	7	8	6
2	1	8	3	4	9	6	7	5
6	7	3	5	8	1	9	4	2
4	5	9	6	2	7	1	3	8
8	6	7	9	3	4	2	5	1
5	9	4	7	1	2	8	6	3
1	3	2	8	5	6	4	9	7

68

6	7	1	5	4	2	9	3	8
4	2	3	6	8	9	5	7	1
9	5	8	1	7	3	6	2	4
8	6	5	9	2	7	4	1	3
3	1	2	8	6	4	7	5	9
7	9	4	3	1	5	8	6	2
1	3	7	4	9	6	2	8	5
5	4	6	2	3	8	1	9	7
2	8	9	7	5	1	3	4	6

69

8	9	1	6	5	2	3	7	4
7	3	6	8	4	9	5	2	1
5	4	2	3	7	1	6	9	8
2	6	8	7	9	5	1	4	3
4	1	5	2	3	6	7	8	9
3	7	9	4	1	8	2	5	6
9	5	7	1	6	4	8	3	2
6	2	3	9	8	7	4	1	5
1	8	4	5	2	3	9	6	7

70

1	8	9	7	2	6	5	3	4
2	7	4	5	3	1	8	6	9
5	6	3	9	4	8	2	1	7
8	4	1	3	5	9	6	7	2
3	9	7	6	1	2	4	8	5
6	5	2	4	8	7	1	9	3
9	2	6	8	7	5	3	4	1
7	3	5	1	6	4	9	2	8
4	1	8	2	9	3	7	5	6

71

5	9	8	3	1	7	4	6	2
3	6	4	9	8	2	1	7	5
1	7	2	5	4	6	8	3	9
6	8	1	2	7	5	9	4	3
7	2	3	4	9	1	5	8	6
9	4	5	8	6	3	2	1	7
2	1	9	6	3	4	7	5	8
4	5	6	7	2	8	3	9	1
8	3	7	1	5	9	6	2	4

72

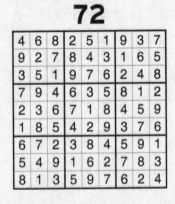

4	6	8	2	5	1	9	3	7
9	2	7	8	4	3	1	6	5
3	5	1	9	7	6	2	4	8
7	9	4	6	3	5	8	1	2
2	3	6	7	1	8	4	5	9
1	8	5	4	2	9	3	7	6
6	7	2	3	8	4	5	9	1
5	4	9	1	6	2	7	8	3
8	1	3	5	9	7	6	2	4

Solutions

73

3	5	9	7	1	8	4	2	6
7	1	2	3	6	4	5	8	9
4	8	6	2	5	9	1	7	3
6	2	5	4	7	3	9	1	8
1	4	8	5	9	6	7	3	2
9	7	3	8	2	1	6	5	4
8	9	4	1	3	7	2	6	5
2	3	7	6	4	5	8	9	1
5	6	1	9	8	2	3	4	7

74

6	9	7	4	1	2	8	5	3
4	5	2	3	7	8	6	1	9
8	1	3	9	6	5	7	2	4
9	2	4	6	3	7	5	8	1
7	3	6	5	8	1	9	4	2
5	8	1	2	4	9	3	7	6
1	4	9	7	5	3	2	6	8
2	6	5	8	9	4	1	3	7
3	7	8	1	2	6	4	9	5

75

5	2	6	1	7	8	4	9	3
1	4	9	2	6	3	8	7	5
8	7	3	9	4	5	1	6	2
6	8	7	4	1	2	5	3	9
4	5	2	3	8	9	6	1	7
9	3	1	7	5	6	2	8	4
2	1	5	8	3	7	9	4	6
7	9	4	6	2	1	3	5	8
3	6	8	5	9	4	7	2	1

76

3	6	1	4	5	2	7	8	9
5	8	2	1	9	7	4	3	6
7	9	4	8	6	3	1	2	5
2	1	8	7	3	5	9	6	4
9	7	5	6	2	4	3	1	8
6	4	3	9	8	1	2	5	7
4	3	7	5	1	8	6	9	2
1	5	9	2	4	6	8	7	3
8	2	6	3	7	9	5	4	1

77

5	8	1	2	4	6	3	7	9
6	4	9	3	7	8	1	5	2
7	3	2	9	5	1	4	8	6
8	6	7	4	9	3	2	1	5
4	2	3	1	6	5	8	9	7
9	1	5	8	2	7	6	4	3
2	5	4	6	8	9	7	3	1
3	9	6	7	1	4	5	2	8
1	7	8	5	3	2	9	6	4

78

6	5	3	1	8	9	7	2	4
4	1	2	7	5	3	8	9	6
9	7	8	4	6	2	3	1	5
3	8	1	2	7	4	6	5	9
5	9	7	6	3	1	4	8	2
2	4	6	5	9	8	1	3	7
7	6	9	3	1	5	2	4	8
1	2	5	8	4	7	9	6	3
8	3	4	9	2	6	5	7	1

Solutions

79

3	5	6	7	2	4	8	1	9
9	1	4	8	3	6	7	5	2
2	7	8	9	5	1	6	3	4
4	6	9	5	8	3	1	2	7
8	2	1	6	9	7	3	4	5
5	3	7	1	4	2	9	8	6
7	8	2	4	1	9	5	6	3
6	4	5	3	7	8	2	9	1
1	9	3	2	6	5	4	7	8

80

4	8	7	2	3	5	1	6	9
6	3	9	4	7	1	8	2	5
1	5	2	8	9	6	7	4	3
9	6	3	1	2	8	5	7	4
7	4	8	5	6	3	2	9	1
2	1	5	9	4	7	6	3	8
8	7	6	3	1	9	4	5	2
3	2	1	7	5	4	9	8	6
5	9	4	6	8	2	3	1	7

81

6	3	2	8	1	9	4	7	5
7	5	4	2	3	6	1	9	8
8	1	9	4	7	5	2	3	6
4	8	3	5	9	2	6	1	7
2	7	6	3	4	1	8	5	9
1	9	5	6	8	7	3	4	2
3	6	8	9	5	4	7	2	1
9	4	7	1	2	8	5	6	3
5	2	1	7	6	3	9	8	4

82

3	1	2	5	4	6	7	9	8
6	9	7	1	2	8	3	5	4
8	4	5	3	7	9	2	1	6
9	6	4	2	1	7	8	3	5
5	7	8	4	6	3	9	2	1
2	3	1	9	8	5	4	6	7
4	2	3	8	5	1	6	7	9
1	8	6	7	9	2	5	4	3
7	5	9	6	3	4	1	8	2

83

3	1	2	9	4	6	8	7	5
9	5	4	7	8	1	6	3	2
8	7	6	5	2	3	4	9	1
2	3	9	1	7	4	5	8	6
4	6	5	2	3	8	9	1	7
1	8	7	6	5	9	3	2	4
5	4	8	3	1	7	2	6	9
7	9	3	4	6	2	1	5	8
6	2	1	8	9	5	7	4	3

84

3	2	4	8	9	7	6	1	5
8	5	7	2	6	1	3	4	9
6	9	1	3	4	5	2	7	8
9	4	8	7	3	6	5	2	1
2	7	6	5	1	9	4	8	3
5	1	3	4	8	2	9	6	7
1	8	9	6	5	4	7	3	2
7	6	5	1	2	3	8	9	4
4	3	2	9	7	8	1	5	6

Solutions

85

6	4	1	5	9	3	8	7	2
7	9	3	8	1	2	4	6	5
2	5	8	7	4	6	3	1	9
9	1	6	3	2	4	5	8	7
4	8	2	6	5	7	9	3	1
5	3	7	9	8	1	2	4	6
1	7	9	2	3	8	6	5	4
3	6	5	4	7	9	1	2	8
8	2	4	1	6	5	7	9	3

86

7	9	5	3	6	2	4	8	1
3	8	1	4	5	7	6	2	9
6	4	2	8	1	9	5	7	3
9	2	4	5	8	6	3	1	7
5	7	6	1	9	3	2	4	8
1	3	8	2	7	4	9	6	5
2	6	7	9	3	8	1	5	4
4	5	3	7	2	1	8	9	6
8	1	9	6	4	5	7	3	2

87

2	8	5	3	1	7	4	6	9
1	7	4	2	6	9	3	5	8
3	6	9	4	5	8	2	7	1
9	4	7	8	3	6	1	2	5
5	2	6	1	9	4	7	8	3
8	3	1	5	7	2	9	4	6
6	5	2	9	4	1	8	3	7
7	1	8	6	2	3	5	9	4
4	9	3	7	8	5	6	1	2

88

1	9	5	4	6	3	2	7	8
8	3	4	7	2	1	5	6	9
6	2	7	5	9	8	1	3	4
9	1	8	2	7	5	3	4	6
3	4	2	9	8	6	7	5	1
7	5	6	3	1	4	9	8	2
4	8	3	1	5	2	6	9	7
5	7	1	6	4	9	8	2	3
2	6	9	8	3	7	4	1	5

89

1	3	4	7	8	5	6	2	9
5	2	9	1	4	6	3	8	7
8	7	6	2	9	3	1	4	5
2	4	5	3	6	1	9	7	8
9	6	3	8	7	2	5	1	4
7	1	8	4	5	9	2	3	6
4	9	2	6	1	8	7	5	3
3	5	7	9	2	4	8	6	1
6	8	1	5	3	7	4	9	2

90

3	4	2	1	5	7	6	8	9
1	9	7	6	3	8	4	2	5
5	8	6	9	2	4	7	1	3
8	2	1	3	7	5	9	4	6
4	7	5	2	6	9	1	3	8
9	6	3	8	4	1	2	5	7
6	1	4	7	8	3	5	9	2
7	5	8	4	9	2	3	6	1
2	3	9	5	1	6	8	7	4

Solutions

91

9	6	2	1	3	8	7	4	5
7	4	1	2	9	5	6	8	3
8	3	5	4	6	7	2	1	9
4	8	6	7	2	3	9	5	1
2	1	7	5	8	9	3	6	4
3	5	9	6	1	4	8	2	7
1	9	3	8	5	2	4	7	6
6	2	4	3	7	1	5	9	8
5	7	8	9	4	6	1	3	2

92

8	7	2	5	3	1	9	6	4
3	4	9	6	8	7	5	1	2
1	6	5	4	2	9	8	7	3
9	8	6	3	4	5	1	2	7
2	3	1	9	7	6	4	8	5
7	5	4	2	1	8	6	3	9
6	9	3	1	5	2	7	4	8
5	2	8	7	6	4	3	9	1
4	1	7	8	9	3	2	5	6

93

2	4	1	5	7	8	9	6	3
9	5	3	6	4	2	1	7	8
8	7	6	9	1	3	5	2	4
3	1	9	2	5	4	7	8	6
4	6	8	7	3	9	2	5	1
5	2	7	1	8	6	4	3	9
6	8	5	4	9	7	3	1	2
7	3	4	8	2	1	6	9	5
1	9	2	3	6	5	8	4	7

94

1	5	4	2	9	8	7	6	3
2	7	9	6	3	1	4	8	5
6	8	3	7	4	5	9	2	1
4	3	5	9	7	2	8	1	6
7	9	1	5	8	6	3	4	2
8	6	2	3	1	4	5	9	7
3	1	7	4	6	9	2	5	8
5	4	6	8	2	7	1	3	9
9	2	8	1	5	3	6	7	4

95

5	7	3	9	1	8	4	6	2
1	9	2	3	4	6	8	5	7
4	6	8	5	2	7	3	9	1
6	2	4	8	3	1	5	7	9
7	3	5	6	9	4	2	1	8
8	1	9	7	5	2	6	3	4
9	8	7	4	6	3	1	2	5
3	4	1	2	7	5	9	8	6
2	5	6	1	8	9	7	4	3

96

3	7	4	2	1	8	5	9	6
9	1	8	5	3	6	4	7	2
2	5	6	7	9	4	3	8	1
1	3	5	8	2	9	6	4	7
4	8	2	6	7	5	9	1	3
6	9	7	3	4	1	2	5	8
7	4	1	9	6	3	8	2	5
8	6	9	1	5	2	7	3	4
5	2	3	4	8	7	1	6	9

Solutions

97

6	5	7	9	2	3	1	4	8
3	4	8	1	6	5	7	9	2
1	9	2	8	7	4	5	3	6
2	6	5	7	9	1	4	8	3
7	8	4	2	3	6	9	5	1
9	1	3	4	5	8	2	6	7
8	7	6	5	4	2	3	1	9
4	3	9	6	1	7	8	2	5
5	2	1	3	8	9	6	7	4

98

2	6	4	7	8	1	9	5	3
8	5	1	3	4	9	6	2	7
9	7	3	5	2	6	8	1	4
7	4	8	1	5	2	3	6	9
6	2	5	4	9	3	7	8	1
1	3	9	6	7	8	5	4	2
3	8	7	2	6	4	1	9	5
5	9	2	8	1	7	4	3	6
4	1	6	9	3	5	2	7	8

99

5	4	8	2	1	9	3	7	6
3	9	7	6	4	5	1	8	2
1	2	6	3	7	8	9	4	5
9	1	2	4	5	6	7	3	8
8	5	3	1	2	7	4	6	9
6	7	4	9	8	3	2	5	1
4	8	5	7	9	1	6	2	3
7	3	9	5	6	2	8	1	4
2	6	1	8	3	4	5	9	7

100

4	5	8	9	6	3	2	7	1
2	7	9	1	5	8	6	4	3
1	6	3	4	2	7	8	9	5
7	9	6	2	8	5	1	3	4
3	2	5	7	4	1	9	6	8
8	4	1	3	9	6	7	5	2
9	8	7	5	1	4	3	2	6
5	1	2	6	3	9	4	8	7
6	3	4	8	7	2	5	1	9

101

4	9	8	5	1	7	3	6	2
3	5	1	6	2	8	9	4	7
6	2	7	4	3	9	5	8	1
2	1	9	7	8	6	4	5	3
5	3	6	9	4	1	7	2	8
8	7	4	3	5	2	1	9	6
1	6	3	8	9	4	2	7	5
7	4	2	1	6	5	8	3	9
9	8	5	2	7	3	6	1	4

102

2	3	5	4	9	1	7	6	8
4	6	7	8	2	3	1	5	9
8	9	1	5	6	7	3	2	4
9	2	4	7	1	8	6	3	5
7	5	3	6	4	2	9	8	1
1	8	6	9	3	5	2	4	7
6	7	9	3	5	4	8	1	2
3	4	2	1	8	9	5	7	6
5	1	8	2	7	6	4	9	3

Solutions

103

6	1	4	8	2	3	9	7	5
9	7	8	5	4	1	3	6	2
5	2	3	9	7	6	4	1	8
4	8	2	6	3	7	5	9	1
7	9	1	2	5	8	6	3	4
3	5	6	4	1	9	2	8	7
8	6	5	7	9	2	1	4	3
1	4	7	3	6	5	8	2	9
2	3	9	1	8	4	7	5	6

104

2	6	3	8	5	9	1	7	4
7	4	9	1	6	3	5	8	2
5	1	8	2	4	7	6	3	9
8	3	1	9	7	6	2	4	5
9	2	4	3	8	5	7	6	1
6	5	7	4	1	2	8	9	3
1	8	5	6	3	4	9	2	7
3	7	2	5	9	8	4	1	6
4	9	6	7	2	1	3	5	8

105

7	5	2	8	9	1	4	3	6
4	6	8	3	5	2	9	7	1
9	3	1	7	4	6	5	8	2
5	8	9	6	1	7	2	4	3
3	1	4	5	2	9	7	6	8
6	2	7	4	8	3	1	5	9
8	9	6	2	7	4	3	1	5
2	4	3	1	6	5	8	9	7
1	7	5	9	3	8	6	2	4

106

8	7	1	5	9	2	3	6	4
3	6	9	8	1	4	2	7	5
2	5	4	3	6	7	1	9	8
1	8	6	9	4	3	5	2	7
4	9	2	7	5	8	6	3	1
5	3	7	1	2	6	4	8	9
9	2	5	6	8	1	7	4	3
6	1	3	4	7	9	8	5	2
7	4	8	2	3	5	9	1	6

107

9	4	2	8	1	3	6	7	5
1	5	7	6	4	9	3	2	8
6	8	3	7	2	5	1	4	9
7	3	8	4	6	1	9	5	2
5	1	4	3	9	2	8	6	7
2	6	9	5	7	8	4	3	1
8	7	5	1	3	4	2	9	6
4	2	1	9	5	6	7	8	3
3	9	6	2	8	7	5	1	4

108

8	5	4	7	3	6	2	9	1
3	6	7	1	2	9	8	4	5
2	9	1	5	8	4	7	3	6
4	3	9	8	6	7	1	5	2
5	7	2	4	1	3	6	8	9
6	1	8	9	5	2	4	7	3
1	4	6	3	7	5	9	2	8
7	8	5	2	9	1	3	6	4
9	2	3	6	4	8	5	1	7

Solutions

109

3	5	8	1	4	9	7	6	2
9	6	2	8	7	5	4	3	1
1	7	4	2	3	6	8	5	9
6	3	7	5	8	1	2	9	4
4	8	5	9	2	3	1	7	6
2	9	1	4	6	7	3	8	5
7	2	9	3	5	4	6	1	8
5	4	3	6	1	8	9	2	7
8	1	6	7	9	2	5	4	3

110

1	4	5	6	9	2	3	8	7
6	9	2	3	8	7	5	1	4
7	3	8	1	5	4	6	2	9
5	7	3	8	2	1	9	4	6
2	6	9	7	4	5	1	3	8
4	8	1	9	3	6	2	7	5
9	1	4	5	7	3	8	6	2
3	5	7	2	6	8	4	9	1
8	2	6	4	1	9	7	5	3

111

1	3	8	9	4	2	5	7	6
7	4	9	8	5	6	3	1	2
2	6	5	7	3	1	9	8	4
5	7	4	1	6	8	2	9	3
9	1	3	2	7	5	6	4	8
6	8	2	3	9	4	7	5	1
8	2	7	5	1	3	4	6	9
3	5	6	4	8	9	1	2	7
4	9	1	6	2	7	8	3	5

112

8	5	4	9	6	3	1	7	2
1	9	3	7	4	2	5	8	6
6	2	7	8	1	5	4	3	9
4	8	9	6	7	1	3	2	5
5	7	1	2	3	9	8	6	4
3	6	2	5	8	4	9	1	7
2	4	6	1	5	8	7	9	3
7	1	5	3	9	6	2	4	8
9	3	8	4	2	7	6	5	1

113

5	4	9	2	7	1	3	8	6
6	2	7	8	4	3	1	5	9
8	1	3	5	6	9	4	7	2
1	9	2	7	3	8	6	4	5
7	8	4	6	9	5	2	1	3
3	5	6	4	1	2	8	9	7
2	3	5	1	8	7	9	6	4
4	7	1	9	2	6	5	3	8
9	6	8	3	5	4	7	2	1

114

7	5	9	8	1	6	3	4	2
8	6	4	3	2	5	9	1	7
1	2	3	7	9	4	5	8	6
2	3	6	9	4	1	7	5	8
5	9	1	6	8	7	2	3	4
4	7	8	5	3	2	1	6	9
9	4	7	1	5	8	6	2	3
6	1	2	4	7	3	8	9	5
3	8	5	2	6	9	4	7	1

Solutions

115

9	6	8	5	1	2	3	4	7
1	2	4	7	6	3	9	5	8
5	3	7	4	8	9	6	1	2
6	7	1	9	4	5	2	8	3
3	8	2	6	7	1	4	9	5
4	9	5	3	2	8	1	7	6
8	4	6	1	3	7	5	2	9
2	1	9	8	5	6	7	3	4
7	5	3	2	9	4	8	6	1

116

5	4	2	1	6	7	9	3	8
8	7	3	5	4	9	6	1	2
9	1	6	8	3	2	7	4	5
4	3	5	9	7	8	2	6	1
2	6	7	4	1	3	5	8	9
1	8	9	2	5	6	3	7	4
7	9	1	3	8	5	4	2	6
3	2	4	6	9	1	8	5	7
6	5	8	7	2	4	1	9	3

117

6	5	3	4	8	1	7	9	2
7	8	9	5	3	2	6	1	4
4	1	2	7	9	6	3	5	8
3	2	5	8	1	4	9	7	6
8	9	6	3	5	7	2	4	1
1	4	7	6	2	9	5	8	3
2	3	8	9	4	5	1	6	7
9	7	4	1	6	3	8	2	5
5	6	1	2	7	8	4	3	9

118

4	3	6	2	1	5	7	8	9
7	1	9	6	4	8	5	3	2
2	8	5	9	3	7	6	4	1
5	6	4	8	2	1	3	9	7
1	9	2	3	7	4	8	5	6
8	7	3	5	6	9	2	1	4
9	2	8	4	5	6	1	7	3
6	5	7	1	9	3	4	2	8
3	4	1	7	8	2	9	6	5

119

7	2	3	5	9	8	1	4	6
8	9	5	4	6	1	3	7	2
6	1	4	2	7	3	9	8	5
4	8	9	6	1	5	7	2	3
3	6	1	9	2	7	4	5	8
5	7	2	8	3	4	6	1	9
9	4	8	1	5	6	2	3	7
1	3	6	7	8	2	5	9	4
2	5	7	3	4	9	8	6	1

120

5	3	6	9	2	8	1	4	7
8	7	9	4	1	5	6	3	2
1	4	2	7	3	6	9	8	5
6	1	7	5	4	2	8	9	3
3	8	4	6	7	9	2	5	1
2	9	5	1	8	3	4	7	6
4	5	1	8	6	7	3	2	9
7	2	8	3	9	1	5	6	4
9	6	3	2	5	4	7	1	8

Solutions

The Telegraph SUDOKU

121

6	2	7	5	1	8	3	9	4
4	9	1	3	7	6	8	5	2
3	5	8	9	2	4	1	6	7
7	8	6	2	4	9	5	3	1
9	4	3	1	6	5	7	2	8
5	1	2	7	8	3	6	4	9
2	3	4	8	5	7	9	1	6
8	6	9	4	3	1	2	7	5
1	7	5	6	9	2	4	8	3

122

8	4	1	9	6	5	2	7	3
2	3	9	4	7	8	1	5	6
7	5	6	1	3	2	9	8	4
9	1	4	2	8	6	7	3	5
6	8	7	5	1	3	4	2	9
5	2	3	7	9	4	6	1	8
4	9	5	3	2	1	8	6	7
3	6	2	8	4	7	5	9	1
1	7	8	6	5	9	3	4	2

123

3	9	4	1	6	8	2	5	7
7	8	1	5	2	9	4	6	3
6	5	2	4	7	3	9	8	1
5	2	9	3	8	6	7	1	4
1	3	7	2	4	5	6	9	8
4	6	8	9	1	7	3	2	5
9	4	3	8	5	2	1	7	6
8	1	6	7	9	4	5	3	2
2	7	5	6	3	1	8	4	9

124

5	4	9	7	1	6	8	3	2
2	8	7	5	9	3	6	1	4
1	6	3	8	4	2	7	5	9
8	3	6	4	5	9	2	7	1
4	7	5	6	2	1	3	9	8
9	2	1	3	8	7	4	6	5
6	9	2	1	3	4	5	8	7
7	5	4	9	6	8	1	2	3
3	1	8	2	7	5	9	4	6

125

3	8	2	5	6	7	4	9	1
9	4	5	1	3	2	7	8	6
6	1	7	8	4	9	3	5	2
7	6	9	3	2	1	5	4	8
4	5	3	9	8	6	2	1	7
1	2	8	7	5	4	9	6	3
8	7	6	4	9	3	1	2	5
5	3	4	2	1	8	6	7	9
2	9	1	6	7	5	8	3	4

126

1	8	6	4	3	9	5	2	7
9	4	2	7	5	6	3	8	1
7	3	5	8	2	1	9	4	6
4	5	8	9	7	3	6	1	2
2	6	1	5	8	4	7	3	9
3	7	9	1	6	2	8	5	4
8	9	4	3	1	7	2	6	5
6	1	3	2	9	5	4	7	8
5	2	7	6	4	8	1	9	3

Solutions

127

8	1	3	6	5	2	9	7	4
2	4	6	9	7	1	8	5	3
5	9	7	3	4	8	6	2	1
6	7	4	2	8	9	3	1	5
9	3	2	7	1	5	4	8	6
1	8	5	4	3	6	2	9	7
3	6	8	1	2	7	5	4	9
4	5	1	8	9	3	7	6	2
7	2	9	5	6	4	1	3	8

128

9	8	3	6	7	2	4	5	1
2	7	4	3	1	5	9	6	8
6	1	5	9	4	8	3	7	2
1	3	6	4	8	9	7	2	5
8	9	2	1	5	7	6	4	3
4	5	7	2	6	3	1	8	9
5	4	9	7	2	1	8	3	6
7	2	1	8	3	6	5	9	4
3	6	8	5	9	4	2	1	7

129

5	2	4	1	8	3	7	6	9
3	1	8	9	7	6	5	4	2
9	7	6	4	2	5	1	3	8
1	6	5	2	3	8	4	9	7
2	8	7	5	4	9	6	1	3
4	3	9	6	1	7	2	8	5
6	9	2	3	5	4	8	7	1
7	5	3	8	6	1	9	2	4
8	4	1	7	9	2	3	5	6

130

1	4	8	5	6	9	2	7	3
3	6	5	1	7	2	8	4	9
9	2	7	4	3	8	6	1	5
4	7	2	9	5	6	3	8	1
8	9	6	2	1	3	4	5	7
5	1	3	7	8	4	9	2	6
2	5	9	3	4	7	1	6	8
6	3	1	8	2	5	7	9	4
7	8	4	6	9	1	5	3	2

131

2	4	1	3	7	9	5	6	8
9	8	5	6	2	1	3	4	7
3	7	6	4	5	8	2	1	9
5	3	9	8	6	7	1	2	4
4	6	2	9	1	3	7	8	5
8	1	7	2	4	5	9	3	6
6	5	4	7	3	2	8	9	1
7	9	3	1	8	4	6	5	2
1	2	8	5	9	6	4	7	3

132

4	9	5	7	3	2	6	8	1
3	1	8	6	9	5	2	4	7
7	2	6	1	8	4	3	5	9
2	4	1	8	5	6	9	7	3
6	3	9	4	2	7	8	1	5
8	5	7	3	1	9	4	6	2
9	8	2	5	4	1	7	3	6
1	6	4	2	7	3	5	9	8
5	7	3	9	6	8	1	2	4

Solutions

133

5	7	2	1	4	3	9	8	6
4	1	8	5	9	6	3	2	7
3	6	9	2	8	7	1	4	5
1	9	3	8	5	2	7	6	4
6	2	4	9	7	1	8	5	3
7	8	5	6	3	4	2	9	1
9	3	7	4	2	5	6	1	8
2	5	1	7	6	8	4	3	9
8	4	6	3	1	9	5	7	2

134

5	1	4	7	6	9	8	2	3
8	9	6	1	2	3	4	5	7
3	2	7	5	4	8	9	1	6
9	6	1	8	3	5	2	7	4
2	5	8	9	7	4	3	6	1
4	7	3	2	1	6	5	9	8
7	3	5	6	8	2	1	4	9
6	4	9	3	5	1	7	8	2
1	8	2	4	9	7	6	3	5

135

2	3	5	6	8	9	4	1	7
1	7	4	3	2	5	8	6	9
8	9	6	1	7	4	3	5	2
6	4	3	2	9	7	1	8	5
9	8	1	5	3	6	2	7	4
7	5	2	8	4	1	6	9	3
3	6	7	9	1	2	5	4	8
4	1	8	7	5	3	9	2	6
5	2	9	4	6	8	7	3	1

136

6	7	2	8	3	5	1	4	9
4	8	5	7	9	1	6	3	2
3	9	1	4	2	6	7	8	5
1	5	8	6	7	4	2	9	3
2	3	6	9	5	8	4	7	1
7	4	9	3	1	2	5	6	8
8	2	7	5	4	9	3	1	6
9	1	3	2	6	7	8	5	4
5	6	4	1	8	3	9	2	7

137

7	6	2	4	8	5	3	1	9
3	9	8	1	6	7	5	2	4
4	1	5	9	2	3	8	6	7
2	7	1	5	4	9	6	8	3
8	4	9	3	1	6	2	7	5
5	3	6	2	7	8	4	9	1
9	8	3	6	5	1	7	4	2
6	5	4	7	9	2	1	3	8
1	2	7	8	3	4	9	5	6

138

6	5	8	9	4	1	7	3	2
9	3	1	5	7	2	6	4	8
7	4	2	3	6	8	5	9	1
2	9	6	7	8	3	1	5	4
5	7	4	2	1	9	3	8	6
8	1	3	6	5	4	9	2	7
3	6	9	8	2	7	4	1	5
4	8	5	1	3	6	2	7	9
1	2	7	4	9	5	8	6	3

Solutions

139

4	5	3	6	7	2	8	1	9
7	9	8	1	5	3	4	6	2
2	6	1	9	4	8	5	3	7
1	8	9	4	2	6	3	7	5
5	7	4	3	8	1	2	9	6
3	2	6	5	9	7	1	4	8
6	4	5	8	3	9	7	2	1
9	3	7	2	1	5	6	8	4
8	1	2	7	6	4	9	5	3

140

3	7	4	1	6	8	5	2	9
2	8	5	4	7	9	3	6	1
6	9	1	3	5	2	7	4	8
8	4	9	6	2	7	1	3	5
7	6	3	8	1	5	4	9	2
1	5	2	9	4	3	6	8	7
9	1	8	7	3	4	2	5	6
4	2	7	5	9	6	8	1	3
5	3	6	2	8	1	9	7	4

141

8	1	9	3	6	2	4	5	7
3	5	7	4	9	1	2	8	6
6	2	4	7	8	5	3	9	1
2	3	5	9	1	4	7	6	8
9	4	1	6	7	8	5	3	2
7	8	6	5	2	3	9	1	4
1	7	2	8	3	9	6	4	5
4	6	3	1	5	7	8	2	9
5	9	8	2	4	6	1	7	3

142

1	7	2	5	4	9	6	8	3
8	5	9	3	2	6	7	4	1
6	4	3	8	1	7	9	2	5
9	1	5	7	3	4	2	6	8
3	8	4	9	6	2	5	1	7
2	6	7	1	5	8	4	3	9
7	9	6	4	8	1	3	5	2
4	3	1	2	9	5	8	7	6
5	2	8	6	7	3	1	9	4

143

2	1	8	5	9	7	3	6	4
3	7	5	1	6	4	8	2	9
6	4	9	2	8	3	5	1	7
8	3	7	6	1	5	9	4	2
9	5	6	7	4	2	1	8	3
1	2	4	8	3	9	7	5	6
4	8	1	9	7	6	2	3	5
7	6	2	3	5	8	4	9	1
5	9	3	4	2	1	6	7	8

144

4	7	6	9	5	2	1	3	8
1	2	8	3	7	6	5	4	9
5	9	3	4	8	1	2	7	6
9	3	4	7	2	5	8	6	1
2	5	1	6	3	8	4	9	7
8	6	7	1	4	9	3	2	5
3	4	9	8	1	7	6	5	2
7	8	2	5	6	3	9	1	4
6	1	5	2	9	4	7	8	3

Solutions

145

5	2	1	8	9	4	6	3	7
9	8	7	3	6	2	1	4	5
3	6	4	1	5	7	2	8	9
1	9	8	5	2	3	4	7	6
7	5	2	6	4	1	3	9	8
6	4	3	9	7	8	5	1	2
4	3	9	2	8	6	7	5	1
2	1	5	7	3	9	8	6	4
8	7	6	4	1	5	9	2	3

146

4	7	6	1	8	2	5	9	3
5	2	3	4	9	7	8	6	1
9	1	8	6	5	3	4	2	7
6	8	1	2	4	5	3	7	9
7	9	2	3	1	8	6	5	4
3	5	4	9	7	6	1	8	2
1	3	7	8	6	9	2	4	5
2	6	9	5	3	4	7	1	8
8	4	5	7	2	1	9	3	6

147

2	1	9	4	5	8	6	3	7
8	3	7	6	1	9	2	4	5
6	4	5	7	2	3	1	9	8
4	2	6	3	8	1	5	7	9
9	5	8	2	7	6	4	1	3
3	7	1	9	4	5	8	6	2
5	8	3	1	9	4	7	2	6
1	9	2	8	6	7	3	5	4
7	6	4	5	3	2	9	8	1

148

9	1	8	5	3	2	6	4	7
4	2	7	6	9	8	1	3	5
5	3	6	7	4	1	8	2	9
8	5	4	9	7	3	2	6	1
2	9	3	1	5	6	7	8	4
6	7	1	2	8	4	5	9	3
3	4	2	8	1	7	9	5	6
1	6	5	3	2	9	4	7	8
7	8	9	4	6	5	3	1	2

149

9	2	7	6	8	3	1	4	5
8	5	4	7	9	1	2	3	6
6	1	3	5	4	2	9	7	8
3	8	2	1	7	6	5	9	4
5	6	9	8	3	4	7	2	1
4	7	1	2	5	9	6	8	3
1	4	5	3	2	7	8	6	9
2	3	6	9	1	8	4	5	7
7	9	8	4	6	5	3	1	2

150

5	2	7	8	4	6	3	1	9
1	4	8	9	3	7	5	6	2
3	9	6	1	5	2	8	7	4
4	6	3	2	9	5	1	8	7
7	1	9	6	8	3	2	4	5
8	5	2	7	1	4	9	3	6
2	3	4	5	6	8	7	9	1
6	7	1	3	2	9	4	5	8
9	8	5	4	7	1	6	2	3

Solutions

151

3	7	2	9	1	8	6	4	5
5	6	1	7	3	4	9	2	8
9	4	8	6	2	5	1	3	7
2	9	4	1	5	6	7	8	3
7	1	3	4	8	2	5	6	9
8	5	6	3	9	7	4	1	2
6	8	9	5	4	3	2	7	1
4	3	5	2	7	1	8	9	6
1	2	7	8	6	9	3	5	4

152

5	2	1	9	3	4	6	8	7
6	4	7	5	2	8	9	1	3
8	3	9	6	7	1	5	2	4
4	1	2	3	8	6	7	9	5
3	8	5	7	4	9	2	6	1
7	9	6	1	5	2	3	4	8
1	7	8	2	9	3	4	5	6
9	6	3	4	1	5	8	7	2
2	5	4	8	6	7	1	3	9

153

9	1	2	7	5	6	8	4	3
7	5	3	8	4	9	1	2	6
4	8	6	1	2	3	7	9	5
3	2	7	6	8	1	4	5	9
1	9	5	4	3	7	2	6	8
6	4	8	5	9	2	3	7	1
8	7	9	2	1	5	6	3	4
2	3	1	9	6	4	5	8	7
5	6	4	3	7	8	9	1	2

154

9	1	4	3	7	8	6	5	2
6	3	7	9	5	2	4	1	8
5	8	2	1	4	6	9	3	7
1	9	6	8	2	4	3	7	5
8	4	5	7	9	3	2	6	1
2	7	3	5	6	1	8	4	9
3	2	1	6	8	5	7	9	4
4	5	9	2	3	7	1	8	6
7	6	8	4	1	9	5	2	3

155

1	2	7	5	8	3	9	4	6
5	3	8	4	9	6	1	2	7
4	9	6	7	1	2	8	5	3
3	5	9	2	7	4	6	1	8
8	6	2	9	3	1	5	7	4
7	1	4	8	6	5	2	3	9
9	7	5	3	2	8	4	6	1
2	8	1	6	4	7	3	9	5
6	4	3	1	5	9	7	8	2

156

4	9	3	1	8	5	6	2	7
7	6	2	9	3	4	5	8	1
8	1	5	2	6	7	3	4	9
9	4	7	5	2	3	1	6	8
1	5	8	4	7	6	9	3	2
2	3	6	8	1	9	7	5	4
6	2	1	3	9	8	4	7	5
3	8	4	7	5	1	2	9	6
5	7	9	6	4	2	8	1	3

Solutions

157

9	1	6	5	4	2	3	7	8
7	8	4	1	3	9	6	2	5
3	5	2	8	6	7	4	9	1
8	4	7	6	2	5	9	1	3
5	2	3	9	7	1	8	4	6
1	6	9	3	8	4	2	5	7
6	7	1	2	9	3	5	8	4
2	3	5	4	1	8	7	6	9
4	9	8	7	5	6	1	3	2

158

7	8	3	2	6	4	1	5	9
6	5	4	9	8	1	3	7	2
2	9	1	3	7	5	8	4	6
3	4	2	8	1	9	5	6	7
1	7	5	6	4	2	9	3	8
8	6	9	5	3	7	2	1	4
9	1	8	4	5	6	7	2	3
4	3	7	1	2	8	6	9	5
5	2	6	7	9	3	4	8	1

159

7	3	8	5	2	9	6	1	4
6	4	1	8	7	3	5	9	2
9	5	2	4	6	1	3	7	8
2	1	5	3	8	7	9	4	6
8	9	6	1	4	2	7	3	5
3	7	4	9	5	6	2	8	1
1	6	7	2	9	8	4	5	3
5	8	9	6	3	4	1	2	7
4	2	3	7	1	5	8	6	9

160

6	9	2	5	8	1	4	3	7
3	7	5	4	9	6	8	2	1
1	8	4	7	3	2	6	9	5
9	1	8	2	5	3	7	6	4
5	2	3	6	7	4	9	1	8
7	4	6	8	1	9	3	5	2
2	3	7	9	4	5	1	8	6
4	5	1	3	6	8	2	7	9
8	6	9	1	2	7	5	4	3

161

1	6	2	9	3	7	5	4	8
5	9	7	4	1	8	6	2	3
8	3	4	6	5	2	9	7	1
9	8	5	1	7	4	2	3	6
6	7	3	8	2	5	1	9	4
4	2	1	3	9	6	7	8	5
7	4	9	5	6	3	8	1	2
3	1	6	2	8	9	4	5	7
2	5	8	7	4	1	3	6	9

162

3	1	4	6	2	8	7	9	5
6	5	7	4	1	9	2	3	8
2	8	9	3	7	5	4	6	1
8	3	2	1	5	6	9	7	4
9	7	6	8	4	2	1	5	3
5	4	1	9	3	7	8	2	6
7	2	8	5	6	4	3	1	9
4	6	3	2	9	1	5	8	7
1	9	5	7	8	3	6	4	2

Solutions

163

3	4	5	8	9	7	6	2	1
6	1	9	5	2	4	7	3	8
8	7	2	1	3	6	4	9	5
2	9	8	7	1	3	5	4	6
1	5	4	6	8	2	3	7	9
7	6	3	4	5	9	1	8	2
9	2	1	3	7	5	8	6	4
4	8	7	2	6	1	9	5	3
5	3	6	9	4	8	2	1	7

164

7	5	4	3	1	6	9	8	2
8	1	2	5	4	9	3	6	7
6	9	3	7	8	2	5	1	4
5	2	1	9	7	8	4	3	6
4	3	7	6	2	5	8	9	1
9	6	8	1	3	4	7	2	5
1	8	6	4	5	3	2	7	9
3	4	9	2	6	7	1	5	8
2	7	5	8	9	1	6	4	3

165

9	4	7	2	5	8	6	1	3
6	5	2	1	4	3	9	7	8
1	8	3	6	7	9	5	4	2
4	1	6	8	9	5	2	3	7
5	2	9	3	1	7	8	6	4
7	3	8	4	6	2	1	9	5
2	7	5	9	3	1	4	8	6
3	6	1	5	8	4	7	2	9
8	9	4	7	2	6	3	5	1

166

7	5	6	4	9	8	3	1	2
4	8	1	3	6	2	9	7	5
3	2	9	5	1	7	6	8	4
5	4	3	8	2	9	1	6	7
6	7	8	1	5	3	2	4	9
1	9	2	6	7	4	5	3	8
8	6	4	9	3	5	7	2	1
2	1	5	7	8	6	4	9	3
9	3	7	2	4	1	8	5	6

167

2	6	5	7	9	3	8	1	4
3	1	7	8	5	4	6	2	9
8	9	4	2	1	6	3	5	7
1	2	6	9	4	7	5	3	8
5	3	9	1	2	8	4	7	6
4	7	8	3	6	5	1	9	2
9	8	2	6	3	1	7	4	5
6	5	1	4	7	2	9	8	3
7	4	3	5	8	9	2	6	1

168

2	3	6	4	8	9	1	5	7
4	8	1	7	5	2	6	9	3
7	9	5	3	1	6	2	4	8
8	1	7	6	3	4	5	2	9
5	6	2	8	9	7	3	1	4
3	4	9	1	2	5	8	7	6
6	7	8	5	4	1	9	3	2
9	5	4	2	6	3	7	8	1
1	2	3	9	7	8	4	6	5

Solutions

169

5	9	6	1	4	8	3	2	7
3	8	4	6	2	7	9	1	5
1	7	2	3	9	5	8	4	6
8	6	1	4	7	3	5	9	2
4	2	9	8	5	6	7	3	1
7	5	3	9	1	2	4	6	8
6	3	7	2	8	9	1	5	4
9	4	5	7	6	1	2	8	3
2	1	8	5	3	4	6	7	9

170

1	6	4	8	3	5	2	9	7
5	8	7	9	1	2	3	6	4
2	3	9	4	6	7	8	5	1
6	1	2	3	9	4	7	8	5
3	7	5	2	8	1	9	4	6
9	4	8	7	5	6	1	2	3
7	9	3	6	4	8	5	1	2
4	2	1	5	7	9	6	3	8
8	5	6	1	2	3	4	7	9

171

1	2	5	7	8	4	6	9	3
4	3	8	9	1	6	7	5	2
9	7	6	3	5	2	4	1	8
3	5	7	1	6	9	2	8	4
2	9	4	5	3	8	1	6	7
8	6	1	2	4	7	9	3	5
5	4	2	8	9	1	3	7	6
7	8	9	6	2	3	5	4	1
6	1	3	4	7	5	8	2	9

172

6	2	5	8	3	7	4	9	1
9	4	1	5	6	2	8	3	7
7	8	3	4	9	1	2	5	6
2	9	4	3	5	6	1	7	8
5	7	8	2	1	4	3	6	9
3	1	6	7	8	9	5	2	4
8	6	2	1	7	3	9	4	5
4	5	7	9	2	8	6	1	3
1	3	9	6	4	5	7	8	2

173

7	4	3	6	1	5	9	8	2
1	2	5	8	7	9	4	6	3
6	9	8	2	4	3	7	1	5
3	7	1	5	2	4	8	9	6
5	6	9	7	8	1	2	3	4
4	8	2	9	3	6	1	5	7
8	3	4	1	6	2	5	7	9
9	1	6	4	5	7	3	2	8
2	5	7	3	9	8	6	4	1

174

3	5	4	1	8	2	9	7	6
7	1	8	9	4	6	3	5	2
2	9	6	3	5	7	8	4	1
5	8	2	6	7	4	1	9	3
1	6	3	5	9	8	4	2	7
4	7	9	2	3	1	5	6	8
9	3	1	7	6	5	2	8	4
6	4	5	8	2	3	7	1	9
8	2	7	4	1	9	6	3	5

Solutions

175

8	9	6	5	1	3	4	2	7
1	7	5	2	6	4	3	9	8
2	4	3	8	9	7	6	1	5
9	3	7	6	2	5	1	8	4
6	5	2	1	4	8	9	7	3
4	8	1	7	3	9	2	5	6
5	2	4	3	7	1	8	6	9
7	6	9	4	8	2	5	3	1
3	1	8	9	5	6	7	4	2

176

6	9	8	7	5	2	4	3	1
1	3	2	6	4	8	7	9	5
4	5	7	1	3	9	8	6	2
7	6	9	5	1	3	2	4	8
5	2	3	8	6	4	1	7	9
8	4	1	9	2	7	6	5	3
2	1	6	4	9	5	3	8	7
3	8	5	2	7	6	9	1	4
9	7	4	3	8	1	5	2	6

177

9	4	5	3	2	8	1	6	7
2	7	8	1	5	6	4	3	9
1	3	6	9	7	4	2	5	8
6	8	7	2	4	9	3	1	5
4	5	9	8	1	3	7	2	6
3	2	1	7	6	5	8	9	4
5	1	2	4	9	7	6	8	3
8	6	4	5	3	1	9	7	2
7	9	3	6	8	2	5	4	1

178

8	2	7	3	9	4	5	1	6
9	1	4	8	6	5	3	2	7
5	3	6	7	2	1	9	8	4
4	5	8	9	7	2	6	3	1
7	6	3	4	1	8	2	9	5
2	9	1	5	3	6	7	4	8
6	7	9	1	4	3	8	5	2
3	4	5	2	8	7	1	6	9
1	8	2	6	5	9	4	7	3

179

6	2	8	9	4	1	5	7	3
5	9	7	3	2	8	4	1	6
1	3	4	5	6	7	9	2	8
8	7	9	1	3	6	2	4	5
4	5	3	8	9	2	7	6	1
2	1	6	7	5	4	3	8	9
3	4	1	6	7	9	8	5	2
9	8	2	4	1	5	6	3	7
7	6	5	2	8	3	1	9	4

180

3	2	8	6	7	5	1	4	9
5	6	1	3	4	9	7	8	2
7	9	4	2	8	1	5	6	3
4	5	6	8	2	3	9	1	7
1	3	7	4	9	6	2	5	8
9	8	2	5	1	7	4	3	6
6	7	5	9	3	4	8	2	1
2	4	9	1	6	8	3	7	5
8	1	3	7	5	2	6	9	4

Solutions

181

9	2	6	4	5	1	7	8	3
4	7	1	3	8	6	9	2	5
8	3	5	9	7	2	4	1	6
2	5	8	7	3	9	1	6	4
3	6	4	2	1	8	5	9	7
7	1	9	6	4	5	8	3	2
5	9	7	8	6	3	2	4	1
6	4	2	1	9	7	3	5	8
1	8	3	5	2	4	6	7	9

182

9	3	2	1	8	7	5	4	6
8	6	7	4	5	3	2	9	1
4	1	5	2	9	6	7	3	8
5	4	3	6	1	9	8	2	7
1	9	8	7	2	4	6	5	3
7	2	6	8	3	5	4	1	9
3	8	4	9	6	2	1	7	5
2	5	1	3	7	8	9	6	4
6	7	9	5	4	1	3	8	2

183

4	8	5	7	1	2	6	9	3
6	1	7	5	3	9	8	4	2
3	2	9	4	8	6	5	7	1
8	7	3	1	5	4	9	2	6
1	6	4	2	9	7	3	5	8
9	5	2	8	6	3	4	1	7
7	9	1	6	4	8	2	3	5
2	3	8	9	7	5	1	6	4
5	4	6	3	2	1	7	8	9

184

2	7	9	5	6	3	4	8	1
1	5	4	7	2	8	3	6	9
6	3	8	4	9	1	2	5	7
3	4	1	2	7	6	5	9	8
7	8	2	9	3	5	1	4	6
5	9	6	1	8	4	7	3	2
8	2	5	6	4	7	9	1	3
9	1	3	8	5	2	6	7	4
4	6	7	3	1	9	8	2	5

185

4	6	5	3	1	9	8	7	2
8	7	3	2	5	6	4	1	9
9	2	1	4	7	8	5	6	3
2	5	4	6	3	1	9	8	7
7	1	8	5	9	2	6	3	4
6	3	9	7	8	4	2	5	1
3	4	2	1	6	5	7	9	8
1	8	6	9	2	7	3	4	5
5	9	7	8	4	3	1	2	6

186

9	2	3	4	1	8	5	7	6
8	5	6	7	3	9	2	1	4
1	4	7	5	2	6	8	9	3
7	1	2	6	4	3	9	8	5
5	9	4	2	8	1	3	6	7
6	3	8	9	7	5	4	2	1
4	8	1	3	6	2	7	5	9
2	7	5	1	9	4	6	3	8
3	6	9	8	5	7	1	4	2

Solutions

187

6	5	4	8	2	1	3	7	9
7	8	3	9	4	6	2	5	1
1	9	2	3	5	7	8	6	4
5	1	6	4	8	2	7	9	3
3	2	7	6	9	5	4	1	8
9	4	8	7	1	3	5	2	6
4	7	1	2	3	9	6	8	5
2	3	9	5	6	8	1	4	7
8	6	5	1	7	4	9	3	2

188

3	9	2	1	5	8	7	6	4
8	5	7	4	6	9	1	3	2
1	4	6	7	2	3	8	5	9
6	1	5	3	9	4	2	7	8
4	8	3	2	7	1	5	9	6
7	2	9	6	8	5	3	4	1
9	3	4	8	1	7	6	2	5
5	6	8	9	3	2	4	1	7
2	7	1	5	4	6	9	8	3

189

8	5	4	6	9	1	7	3	2
7	1	2	8	3	4	5	6	9
3	9	6	2	7	5	1	4	8
6	8	7	3	4	9	2	1	5
1	3	9	5	2	8	4	7	6
2	4	5	1	6	7	9	8	3
9	7	3	4	5	6	8	2	1
5	6	1	7	8	2	3	9	4
4	2	8	9	1	3	6	5	7

190

6	1	5	4	9	2	8	7	3
4	9	2	7	8	3	6	5	1
3	8	7	1	5	6	9	2	4
7	4	8	6	3	5	1	9	2
9	5	3	2	7	1	4	6	8
1	2	6	9	4	8	7	3	5
8	6	9	3	2	4	5	1	7
5	3	1	8	6	7	2	4	9
2	7	4	5	1	9	3	8	6

191

9	8	4	3	2	5	6	1	7
6	2	5	4	7	1	3	9	8
3	7	1	9	8	6	2	5	4
8	6	7	1	5	9	4	2	3
5	9	3	2	6	4	7	8	1
1	4	2	7	3	8	5	6	9
2	1	9	5	4	3	8	7	6
7	3	8	6	9	2	1	4	5
4	5	6	8	1	7	9	3	2

192

8	2	7	9	6	3	5	1	4
5	1	4	7	8	2	6	9	3
6	3	9	4	1	5	8	2	7
2	6	1	8	4	7	9	3	5
9	5	3	6	2	1	4	7	8
4	7	8	3	5	9	1	6	2
3	8	2	5	9	6	7	4	1
1	4	6	2	7	8	3	5	9
7	9	5	1	3	4	2	8	6

193

6	3	5	9	2	1	7	8	4
8	1	2	4	7	6	9	5	3
4	7	9	8	3	5	6	1	2
3	2	4	6	9	8	5	7	1
5	8	1	7	4	2	3	9	6
9	6	7	1	5	3	4	2	8
2	4	6	5	8	7	1	3	9
7	9	8	3	1	4	2	6	5
1	5	3	2	6	9	8	4	7

194

3	6	8	7	4	1	9	5	2
7	2	1	8	9	5	4	3	6
9	5	4	6	3	2	8	1	7
4	7	2	3	5	8	6	9	1
8	1	3	9	2	6	7	4	5
6	9	5	1	7	4	3	2	8
5	3	9	2	8	7	1	6	4
2	8	6	4	1	9	5	7	3
1	4	7	5	6	3	2	8	9

195

1	2	8	9	3	6	7	4	5
5	7	9	1	4	8	2	6	3
3	4	6	5	2	7	9	1	8
8	3	1	7	5	9	4	2	6
6	5	2	4	8	1	3	9	7
7	9	4	2	6	3	8	5	1
2	1	3	8	9	5	6	7	4
9	8	5	6	7	4	1	3	2
4	6	7	3	1	2	5	8	9

196

4	5	2	6	1	3	7	8	9
1	9	6	4	7	8	2	5	3
3	7	8	9	5	2	1	4	6
2	6	5	8	9	1	3	7	4
7	8	4	3	6	5	9	2	1
9	1	3	7	2	4	5	6	8
8	2	1	5	4	9	6	3	7
6	3	9	2	8	7	4	1	5
5	4	7	1	3	6	8	9	2

197

4	8	5	2	9	6	7	1	3
3	2	9	7	5	1	4	8	6
7	6	1	3	4	8	2	9	5
1	3	4	8	6	9	5	7	2
8	5	7	1	2	4	3	6	9
2	9	6	5	7	3	1	4	8
5	1	8	9	3	7	6	2	4
6	7	2	4	8	5	9	3	1
9	4	3	6	1	2	8	5	7

198

9	3	8	1	2	4	5	7	6
5	1	7	9	6	8	3	4	2
4	6	2	5	3	7	1	8	9
7	9	5	8	1	2	4	6	3
1	4	3	7	9	6	8	2	5
8	2	6	4	5	3	9	1	7
2	5	1	6	4	9	7	3	8
6	8	9	3	7	1	2	5	4
3	7	4	2	8	5	6	9	1

Solutions

The Telegraph SUDOKU

199

2	9	5	4	3	6	1	8	7
8	4	3	7	2	1	5	6	9
1	6	7	9	8	5	2	4	3
9	8	4	1	6	7	3	5	2
7	5	6	3	4	2	9	1	8
3	2	1	8	5	9	6	7	4
4	3	2	5	1	8	7	9	6
6	1	9	2	7	4	8	3	5
5	7	8	6	9	3	4	2	1

200

4	6	1	2	7	3	9	5	8
9	2	7	8	5	1	4	3	6
8	3	5	6	9	4	7	1	2
6	5	3	9	4	7	8	2	1
2	7	8	3	1	6	5	4	9
1	4	9	5	2	8	3	6	7
7	8	2	1	3	5	6	9	4
5	9	6	4	8	2	1	7	3
3	1	4	7	6	9	2	8	5

Solutions